AF206898

www.tredition.de

Zum Dank an alle die mir helfen,
meinen schwierigen Weg zu gehen.

Wolfgang Tröger

Mein Leben *trotz* ALS

Geschichten, Tipps und Hilfsmittel-Informationen aus 7 Jahren mit ALS

www.tredition.de

© 2017 Wolfgang Tröger

Verlag: tredition GmbH, Hamburg

ISBN
Paperback   978-3-7439-1534-3
Hardcover   978-3-7439-1535-0
e-Book   978-3-7439-1536-7

Printed in Germany

Inhaltsverzeichnis

Meine Partner für:

Mobilität und Kommunikation

Sprottauer Str. 4-8 90475 Nürnberg
Telefon: +49 (0)911 81 74 47 0
E-Mail: info@rehaundcare.de
Internet: www.rehaundcare.de

Beatmung, Ernährung, Wundmanagement

INTENSIVSERVICE WANNINGER GmbH

Kronacherstr.1 93057 Regensburg
Tel. 0941/640840
Email info@intensivservice.de
Interrnet: www.intensivservice.de

Rollstuhl-Hängelift

Gewerbegebiet Ost 32A 91085 Weisendorf
Telefon: 09135 - 72 11 42
E-Mail: info@frankenlifte.de
Internet: www.frankenlifte.de

Vorwort

So, jetzt habe ich es doch getan – ich habe ein zweites Buch geschrieben. Keine Fortsetzung der 2015 erschienenen „Textbausteine", einer Sammlung von Erlebnissen und Anekdoten überwiegend aus der Zeit vor meiner Erkrankung aus 42 Ländern der Welt, sondern ein Buch, in dem Geschichten, Erfahrungen, Informationen zu Hilfsmitteln und aus meiner Sicht wertvolle Tipps aus meinen bisher 7 Jahren mit ALS zusammengefasst sind, das sich also direkt an Betroffene und deren Helfer wendet.

Eigentlich hatte ich vor, als ergänzende Information zu einem von mir auf dem Jahreskongress 2017 der Deutschen interdisziplinären Gesellschaft für außerklinische Beatmung (DIGAB) gehaltenen Vortrag einige Informationen zu Hilfsmitteln zusammenzustellen. Allerdings kamen mir dabei so viele Informationen in den Sinn, dass aus einem Handout nun doch ein Buch geworden ist.

Als mein Neurologe die Diagnose ALS stellte, hat er mir ziemlich drastisch die beiden Möglichkeiten der weiteren Lebensgestaltung vor Augen geführt. Er meinte, ich könne mich entweder ins Bett legen, Zwieback essen und warten, bis ich sterbe - oder ich könne versuchen, das Beste aus meiner Situation zu machen. Ich habe mich für das Zweite entschieden und lebe nun schon eine ganze Zeit relativ gut damit. Getreu dieser Entscheidung habe ich kreativ und mit einigem Einfallsreichtum versucht, die krankheitsbedingten Beeinträchtigungen mit Hilfsmitteln und Strategien so weit wie möglich zu kompensieren, und dabei im Laufe der Zeit viele Ideen und Informationen gesammelt.

Mit diesem Buch möchte ich direkt und mittelbar Betroffenen meine Erfahrungen aus den 7 Jahren, die seit meiner Diagnose „Amyotrophe Lateralsklerose" vergangen sind, weitergeben und es würde mich freuen, wenn der eine oder andere Betroffene nach der Lektüre dieses Buches sagen kann: „Gute Idee, wäre ich selbst nicht draufgekommen", und ich „ALS-Kollegen" helfen kann, ihre Situation zu verbessern – oder zumindest erträglicher zu machen.

Die in diesem Buch genannten Hilfsmittel sind ausschließlich aus eigener Erfahrung zusammengestellt. Da die Entwicklung der ALS sehr unterschiedlich verläuft – sowohl bzgl. der Geschwindigkeit, als auch bzgl. der betroffenen Muskeln – können selbstverständlich die von mir beschriebenen Hilfsmittel nicht für jeden sinnvoll 1:1 übernommen werden - aber zumindest Denkanstöße sollten von jedem Betroffenen aus meinen Beschreibungen doch abgeleitet werden können.

Die ALS und ich

Ich wurde 1962 geboren, seit 1991 bin ich verheiratet, Vater eines Sohnes und einer Tochter. Nach einer Berufsausbildung und einem anschließenden Studium der Elektrotechnik war ich für über 25 Jahre bei einem großen deutschen Elektrokonzern als Vertriebs- und Projektingenieur tätig. Meine Aufgabe war dabei die Realisierung von technisch und organisatorisch komplexen elektrotechnischen Gesamtanlagen; die meiste Zeit betreute ich dabei Flughafenprojekte in den Ländern der ehemaligen UdSSR. Überwiegend im Rahmen dieser Tätigkeit besuchte ich über 40 Länder und konnte die unterschiedlichsten Eindrücke und Erfahrungen sammeln.

Die Wende in meinem Leben kündigte sich ganz unspektakulär im Sommer des Jahres 2010 an. Mir fiel auf, dass ich bei bestimmten Bewegungen meiner rechten Hand zunehmend Probleme hatte. So wurde es immer schwieriger, mit der rechten Hand einen Schlüssel umzudrehen oder den Rasierapparat wie gewohnt durch mein Gesicht zu lenken. Auch begannen die Muskeln in meinen Oberarmen immer wieder zu zittern; dies verursachte keinerlei Schmerzen und führte zu keinen Beeinträchtigungen – es sah eigentlich eher lustig aus –, aber zusammen mit den Problemen mit der Feinmotorik der rechten Hand war dies der

Grund, zum ersten Mal in meinem Leben einen Neurologen aufzusuchen. Nach einigen ambulanten Untersuchungen hat mich dieser dann zur weiteren Abklärung in eine neurologische Klinik eingewiesen.

Am Ende dieser klinischen Untersuchungen eröffnete mir der Chefarzt, dass ich möglicherweise an einer Amyotrophen Lateralsklerose (ALS) erkrankt sei, dass man bezüglich der weiteren Krankheitsentwicklung und deren Geschwindigkeit keinerlei Prognosen wagen könne, dass man aber außer einer Behandlung der Symptome und der frühzeitigen Nutzung von Hilfsmitteln an der fortschreitenden Krankheit selbst nichts ändern könne. Er hat mir detailliert erläutert, dass es sich bei der ALS um eine unheilbare und fortschreitende neuromuskuläre Erkrankung handelt, die mehr oder weniger schnell zu einem Funktionsverlust der gesamten willkürlich kontrollierbaren Muskulatur führt.

Konkret führte es bei mir dazu, dass ich fast sieben Jahre nach der Diagnose keine Funktionen mehr in beiden Armen habe, dass die Beine nur noch etwas Stabilität beim Umsetzen von z.B. dem Bett in den Rollstuhl geben, dass ich meinen Kopf nicht mehr ohne geeignete Stütze gerade auf dem Hals halten kann, dass die Atmung nur noch bedingt funktioniert und ich daher seit September 2015 über eine Trachealkanüle invasiv vollbeatmet bin und nicht

zuletzt, dass durch die Einschränkung der Mundmotorik und der Schluckmuskulatur eine normale
Ernährung nicht mehr möglich ist und ich mich
seit fast drei Jahren mit Hilfe einer PEG-Sonde
künstlich ernähren muss.

Aufgrund der erheblichen Einschränkung der
Mundmotorik wurde auch meine Aussprache im
Laufe der Zeit immer unverständlicher. Nach dem
Anlegen des Tracheostomas war es mir dann überhaupt nicht mehr möglich, irgendwelche Töne zu
erzeugen, so dass ich seitdem vollständig auf die
„alternativen" Kommunikationsmethoden angewiesen bin, die ich im Kapitel über Kommunikation beschrieben habe.

Essen und Trinken

Meine Geschichte

Die Möglichkeit, normal zu essen und zu trinken kann durch verschiedene Symptome der ALS eingeschränkt werden. Zum einen benötigt man funktionierende Hände und Arme, um z.b. die Gabel oder auch ein Glas zum Mund führen zu können. Eine weitere unabdingbare Funktion ist eine ausreichende Mundmotorik und die Fähigkeit, unbeeinträchtigt schlucken zu können.

Bei mir entwickelten sich die Einschränkungen folgendermaßen:

(Phase 0) Keine Einschränkungen beim Essen und Trinken.

(Phase 1 – ab 10.2012) Die rechte Hand war nicht mehr in der Lage zu schneiden und z.b. eine Gabel zum Mund zu führen. Es blieb nur noch die Möglichkeit, mit der linken Hand zu essen bzw. mit der linken Hand den rechten Arm zu stützen. Ein Glas konnte ich noch mit beiden Händen zum Mund führen. Sobald es auch mit Unterstützung der linken Hand nicht mehr möglich war, selbständig zu essen, blieb letztlich nur noch das Füttern – bei Erwachsenen nennt man das dann „Essen eingeben".

(Phase 2 – ab 01.2014) Die Mundmotorik war so eingeschränkt, dass der nötige Transport im Mund nicht mehr vernünftig möglich war und es zunehmend schwieriger wurde, den Bissen Nahrung zwischen die Zähne zu schieben, damit ein Kauen funktioniert. Eine ausreichende Nahrungsaufnahme konnte ich daher nicht mehr mit normalen Speisen erreichen. Zu dieser Zeit habe ich begonnen, zusätzlich zu den kleinen Portionen normaler Nahrung hochkalorische Zusatzdrinks zu trinken. Trinken konnte ich mit einem Strohhalm noch.

(Phase 3 – ab 09.2015) Da die Nahrungsaufnahme immer problematischer und nerviger wurde, habe ich mir eine PEG-Sonde legen lassen und ernähre mich seitdem mit Sondennahrung. Das hat mir viele Probleme und Unannehmlichkeiten bei der Nahrungsaufnahme erspart und ich habe mich gefragt, warum ich diesen Schritt nicht schon früher (in Phase 2) gegangen bin. Nicht zu vernachlässigen ist auch der Vorteil, dass sich durch die Ernährung über die Sonde das Risiko minimiert, sich zu verschlucken und dabei Nahrung in die Lunge zu bekommen, was nicht selten zu einer Lungenentzündung führt.

Hilfsmittel

Im Laufe der Zeit habe ich die unterschiedlichsten Hilfsmittel genutzt, die ich hier kurz beschreiben möchte.

Essbesteck

Im Reha-Fachhandel oder – um einiges günstiger – im Internet gibt es alle möglichen Hilfsmittel, die das Essen erleichtern. Ich habe mir z.b. ein Essbesteck gekauft, das man individuell verbiegen kann. Damit kann man die Schwächen der Handmuskulatur etwas kompensieren und das „einarmige" Essen doch noch eine ganze Zeit selbständig fortführen.

Stabile Teller

In diese Richtung gehen auch stabile Teller, die nicht wegrutschen, wenn man z.b. etwas einarmig mit Hilfe des Tellerrandes auf die Gabel schieben möchte.

Strohhalm

Für Getränke ist der Strohhalm eine gute Lösung. Es ist zwar gewöhnungsbedürftig, ein Bier, ein Glas Wein oder auch den Ouzo beim Griechen mit dem Strohhalm zu trinken – aber immer noch besser, als darauf zu verzichten. Aber Strohhalm ist nicht gleich Strohhalm. Ich habe mich mit einem etwas größeren Durchmesser am leichtesten getan. Bei diesen braucht man weniger Zug und man kann auch mal eine Gemüsesuppe oder etwas mit einer etwas dickflüssigeren Konsistenz zu sich nehmen.

Strohhalme mit Knick sollte man allerdings nicht verwenden – siehe auch „Der Trick mit dem Knick" am Ende des Buches.

Damit die Nutzung eines Strohhalms in der Öffentlichkeit, besonders bei „edleren" Getränken, wie Wein oder Sekt, nicht ganz so schlimm aussieht, habe ich mir einen Strohhalm aus Metall gekauft. So etwas findet man allerdings weniger im Reha-Fachhandel, sondern mehr im Zubehör-Shop für Eisdielen für Eiskaffee und dergleichen.

Hochkalorische Zusatzdrinks

Für eine nennenswerte Zeit in Phase 2 habe ich ergänzend zur normalen Nahrung hochkalorische Drinks getrunken. Diese gibt es z.B. von Nestle in verschiedenen Geschmacksrichtungen und mit 2 kcal/ml. Man kann also mit einem 200-ml-Fläschchen auf einfache Art 400 kcal zusätzlich zuführen. Diese Zusatzdrinks sind mit der Diagnose „Schluckstörung" und der Angabe, dass man kontinuierlich abnimmt, auch ärztlich verschreibungsfähig, sodass die Krankenkasse die Kosten übernehmen kann.

PEG-Sonde

Als Lösung für all diese Probleme habe ich die Anlage einer PEG-Sonde empfunden. Das Legen einer PEG-Sonde ist keine große Sache, dauert vielleicht 10 Minuten und erfolgt in Vollnarkose bzw. unter entsprechender Sedierung, sodass man davon praktisch nichts mitbekommt. Es ist auch nicht so, dass man danach nichts mehr oral zu sich nehmen kann.

Die Sonde selbst ist eigentlich nur ein Schlauch, der oberhalb des Nabels aus dem Bauch kommt, und an den entweder eine Nahrungspumpe angeschlossen wird oder in den man direkt mit einer Spritze Nahrung einspritzen kann. Auf diesem Wege können auch leichter Medikamente gegeben werden als oral – insbesondere wenn Schluckstörungen auftreten.

Die PEG-Sonde selbst, das Zubehör sowie die Sonden-Nahrung sind verschreibungsfähig, sodass auch diese Kosten von der Krankenkasse übernommen werden können.

Spritzen und Holzspatel

Auch wenn ich inzwischen überhaupt nicht mehr oral essen und trinken kann, lacht mich von Zeit zu Zeit doch etwas an, von dem ich zumindest den Geschmack gerne im Mund hätte.

Dafür habe ich Holzspatel und 20-ml-Spritzen dabei. Getränke oder z.B. Bratensauce lasse ich mir mit der Spritze an den Gaumen spritzen, etwas dickflüssigere Lebensmittel lasse ich mir mit einem Holzspatel möglichst weit hinten auf die Zunge schmieren. Erprobt als Geschmacksträger sind z.B. Zaziki, Senf, Fruchteis und andere Spezialitäten, die eine vergleichbare cremige Substanz haben und keine Feststoffe enthalten. Also Nuss- oder Stracciatella-Eis sind weniger gut geeignet.

Das Ganze ist nicht gerade sehr „salonfähig", aber von Zeit zu Zeit einfach ein Genuss.

Tipps und Strategien

Wenn man nur mit einer Hand essen kann, dann müssen feste Speisen natürlich vorgeschnitten sein, damit es überhaupt funktioniert. Das kann natürlich jemand übernehmen, der mit am Tisch sitzt. Ich habe aber auch sehr positive Erfahrungen in Restaurants gemacht, die mir problemlos und selbstverständlich z.B. ein Schnitzel bereits in der Küche vorgeschnitten und z.T. dann auch liebevoll garniert serviert haben.

Mein Tipp: Fragen und keine Hemmungen haben. Es stört sich niemand daran. Es hat sich zudem als praktisch erwiesen, immer eine Plastikdose dabei zu haben, in der die wichtigsten Utensilien griffbereit sind, nämlich Spezialbesteck, Strohhalme in verschiedenen Größen, Servietten und eine Kette mit zwei Klipsen zum Fixieren einer Serviette um den Hals.

Das Anlegen einer PEG ist normalerweise völlig unproblematisch und der ideale Weg, um Energie zuzuführen, die beim normalen Essen nicht mehr in ausreichender Menge den Magen erreichen würde.

Mein Tipp: PEG-Sonde legen lassen, sobald es auch nur Anzeichen für Probleme gibt oder sich das Einnehmen einer Mahlzeit so lange hinzieht, dass es einfach auf die Nerven geht.

Beim Legen der PEG-Sonde einen möglichst großen Durchmesser des Schlauches wählen. Dieser verstopft nicht so schnell.

Üblicherweise werden PEG-Sonden bei anderen Erkrankungen gelegt – und dementsprechend ist der Umgang mit PEG-Patienten in der Klinik. Das heißt, dass man in der Klinik standardmäßig mit sehr langsamen Flussraten beginnt und sie in kleinen Schritten steigert. Bei mir war die Empfehlung am Anfang bei 50 ml/h mit einer Steigerung von 5 ml/h am Tag.

Bei ALS-Patienten macht es aber eigentlich überhaupt keinen Sinn, die Nahrung so langsam laufen zu lassen. Im Gegenteil, der Magen würde sich im Laufe der Zeit dadurch verkleinern, was eher schlecht wäre. Ich habe mich, zumindest nach der Entlassung aus der Klinik, wieder auf aus meiner Sicht normale Werte zwischen 300 und 500 ml/h umgestellt. Ich denke nicht, dass jemand, der vor der Erkrankung problemlos einen halben Liter Apfelsaftschorle in einem Zug getrunken hat, nun plötzlich diesen halben Liter auf mehrere Stunden verteilt trinken muss.

Es gibt nur zwei Effekte, die man zumindest in der ersten Zeit beobachten sollte: Die Verträglichkeit der Sondenkost ist individuell. Vielleicht muss man auch unterschiedliche Kost probieren – es gibt außer der, die in der Klinik verwendet wurde und die von dem Versorger geliefert wird zu dem man von der Klinik bei der Entlassung „übergeleitet" wird, auch Alternativen. Ich z.B. habe vor einiger Zeit zur Sondenkost von „Hipp" gewechselt. Ein zweiter Grund, zumindest am Anfang etwas vorsichtig zu sein, ist, dass bei der oralen Nahrungsaufnahme die Speisen bereits durch den Speichel mit Enzymen „vorbehandelt" werden und so anders im Magen ankommen, als wenn sie direkt eingespritzt werden.

Mein Tipp: Nicht vergessen, dass der Magen und der Verdauungstrakt nicht von der ALS betroffen sind, und darauf bestehen, über die Nahrung und Flussraten selbst und eigenverantwortlich entscheiden zu können.

Lesen und Schreiben

Meine Geschichte

Während die Fähigkeit des Lesens durch die ALS höchstens indirekt beeinträchtigt wird – z.b. durch die Tatsache, dass man kein Buch oder keine Zeitung mehr so in der Hand halten kann, dass man lesen kann –, ist das mit dem Schreiben – vor allem dem Unterschreiben – schon ein wirkliches Problem, wenn die Hände nicht mehr mitmachen.

Da sich bei mir die ALS zuerst durch ein Problem mit der Muskulatur der rechten Hand bemerkbar gemacht hat, haben sich bei mir die Einschränkungen beim Schreiben praktisch ab Stellung der Diagnose gezeigt. Die nachfolgenden Hilfsmittel waren daher meine ersten Hilfsmittel überhaupt, die ich aufgrund meiner Erkrankung genutzt habe.

Hilfsmittel

Auch für diese Aufgabenstellungen gibt es die unterschiedlichsten Dinge, mit denen man sich das Leben etwas einfacher machen kann. Die Auswahl ist dabei natürlich sehr individuell und man muss z.B. bei den Schreibgeräten auch etwas herumprobieren.

Das Schreiben am PC und die dafür sinnvollen Hilfsmittel sind unter dem Abschnitt „Kommunikation" beschrieben.

Elektronische Medien

Zum Glück gibt es heute fast alles, was man gerne lesen möchte, in elektronischer Form. So kann man sich von der Tageszeitung über Zeitschriften bis hin zu Büchern praktisch alles in elektronischer Form als E-Paper oder E-Books beschaffen. Mit einem PC oder – wenn man ihn sowieso nutzt – einem Kommunikations-PC hat man so alle gewünschten Medien zur Verfügung.

Spezialstifte

Über das Internet gibt es eine große Auswahl von teils exotisch anmutenden Stiften, mit denen man immer noch schreiben kann, wenn es mit normalen Stiften aufgrund einer Schwäche der Handmuskulatur schon nicht mehr funktioniert. Diese Stifte haben entweder dickere oder anders geformte Griffe („Schreiblernstifte" aus dem Angebot für Schulanfänger) oder auch ganz andere Formen. Ich hatte eine Stift-Halterung in Form einer Computer-Maus, in die man vorne einen normalen Stift einspannen kann. Damit musste man den Stift nicht mehr anheben, sondern nur die Halterung leicht kippen, um die Stiftspitze abzuheben oder aufzusetzen. Inspirieren lassen, was es gibt, kann man sich z.B. unter lafueliki.de

Unterschriftsstempel

Auch wenn er formell und juristisch keine „eigenhändige Unterschrift" ersetzt, hat sich ein Stempel mit der eigenen Unterschrift – sowie auch eine Datei auf dem PC mit der eigenen Unterschrift – als sehr zweckmäßig erwiesen. Zumindest Alltagskorrespondenz kann man mit dem Stempel „unterschreiben" oder die als Bilddatei abgespeicherte Unterschrift an geeigneter Stelle in einen in Word erstellten Brief einfügen. Ich denke, dass es bei dem „Graveur ums Eck" mit einem derartigen Auftrag Schwierigkeiten geben dürfte – vielleicht Bedenken bzgl. Beihilfe zur Urkundenfälschung. Ich habe daher einen der zahlreichen Online-Anbieter gewählt, bei dem man einfach eine Bildvorlage hochlädt und zwei Tage später seinen Stempel erhält.

Tipps und Strategien

Das Thema „Unterschrift" ist nicht ohne. Deshalb – und weil ich es selbst fast verschlafen hätte – die dringende Empfehlung, alle rechtlichen und vertraglichen Themen, die zwingend einer rechtsgültigen Unterschrift bedürfen, rechtzeitig abzuschließen, solange man es noch kann. Dies gilt z.B. für die Erteilung von (notariellen) Vollmachten, Erstellung von Testamenten, Patientenverfügungen, ggf. Vormundschaftsvereinbarungen für noch minderjährige Kinder und alle Dokumente, die im weitesten Sinn mit Finanzen (Bankvollmachten) und Immobilien zu tun haben.

Wenn der Zeitpunkt vorbei ist, in dem man eine Generalvollmacht zu Gunsten seines Partners oder der Kinder rechtsgültig erteilen kann, bleibt später u.U. nur noch die gerichtliche Bestellung eines Betreuers und ggf. die Einsetzung eines Vormundes für die Kinder. Die weitverbreitete Meinung, dass diese Aufgaben automatisch von einem Ehepartner übernommen werden können, ist so nicht richtig.

Mein Tipp: Zur Abklärung der individuellen Situation ist es durchaus empfehlenswert, sich rechtzeitig von einem auf Familienrecht spezialisierten Anwalt beraten zu lassen.

Atmen

Die Atmung ist für den ALS-Erkrankten ein ganz wesentliches Kriterium. Zum einen führt der langsame Funktionsverlust der Atemmuskulatur zu einer unzureichenden Beatmung und damit letztlich zu der Entscheidung für oder gegen eine nicht-invasive Maskenbeatmung oder auch eine invasive Beatmung mit Hilfe einer Trachealkanüle. Zum anderen kann die ALS auch bei noch voll funktionsfähiger Lunge durch Probleme mit der Schluckmuskulatur zum häufigen „Verschlucken" und dadurch zu vermehrter Aspiration führen und damit das Risiko einer Lungenentzündung deutlich erhöhen.

An einer ALS stirbt man ja normalerweise nicht, sondern an den Folge-Erkrankungen wie eben unzureichender Atmung oder einer Lungenentzündung. Wer sich somit dafür entscheidet, trotz der Erkrankung möglichst lange leben zu wollen, für den sind gerade die Hilfsmittel im Zusammenhang mit der Atmung existenziell wichtig.

Meine Geschichte

(Phase 0) Aufgrund einer obstruktiven Schlafapnoe hatte ich bereits einige Jahre vor der ALS-Diagnose eine CPAP-Maske, die ich nachts angelegt hatte, um nächtlichen Atemaussetzern entgegenzuwirken. Ich war daher an das Tragen einer Beatmungsmaske schon gewöhnt.

(Phase 1 – ab 06.2014) Im Rahmen einer Verlaufskontrolle in der Klinik erhielt ich zur Optimierung meiner Atmung ein Beatmungsgerät. Nach wie vor habe ich die Maskenbeatmung nur im Liegen angelegt, da ich in aufrechter Haltung noch genügend Kraft hatte, um selbst atmen zu können.

(Phase 2 – ab 09.2015) Als die Atmung schwächer wurde, so dass ich auch tagsüber die Maske anlegen hätte müssen, habe ich mir ein Tracheostoma operativ legen lassen, da für mich als Brillenträger die Beatmung mit der Maske auch tagsüber keine Option war. Ein zusätzliches Argument war für mich, dass es durch die Trachealkanüle einfacher ist, Sekret aus der Lunge absaugen zu können, und durch den Abschluss der Luftröhre nach oben auch das Aspirationsrisiko erheblich reduziert ist.

Hilfsmittel

Beatmungsgerät

Es gibt zahlreiche unterschiedliche Beatmungsgeräte, über die ich als Patient keinen Überblick habe. Seit ich die Vollbeatmung mit der Trachealkanüle habe, nutze ich eine „Astral 150" und habe recht gute Erfahrungen damit gemacht.

Zu den verschiedenen Typen kann ich wenig sagen, ich kann aber einige Tipps oder Anmerkungen zu den Funktionen geben.

Es ist empfehlenswert, eine ausreichende Akku-Kapazität zur Verfügung zu haben, um auch längere Ausflüge und Aktivitäten unternehmen zu können, ohne auf den Akku achten zu müssen. Mein Gerät hat z.B. ca. 8 Stunden Betriebszeit mit dem eingebauten Akku und weitere 8 Stunden mit einem Zusatzakku. Das ist eine vernünftige Betriebsdauer. Ich weiß aber auch von anderen Patienten, die grade einmal zwei Stunden ohne Netzanschluss auskommen.

Zweckmäßig ist auch eine „Liam"-Funktion, d. h. die Möglichkeit, bei Bedarf „Seufzer" auslösen zu können, also besonders tiefe Atemzüge, die einem helfen, aus einer momentanen Atemnot – z.B. beim Husten – wieder schnell herauszukommen.

Normalerweise hat mein Beatmungsgerät eine minimale Atemfrequenz, mit der das Gerät selbständig beatmet. Ich kann bei erhöhtem Atembedarf durch eigene Atemimpulse das Gerät selbst triggern, so dass sich die Atemfrequenz dem aktuellen Bedarf anpasst. Bei mir gibt es jedoch auch Situationen, in denen der Körper mehr Luft, also eine höhere Atemfrequenz benötigt, ich aber die Kraft nicht aufbringe, das Gerät zu triggern. Abhilfe habe ich dadurch geschaffen, dass ich einen zweiten Betriebsmodus definiert habe, in dem das Gerät von sich aus eine höhere Atemfrequenz anbietet und ich so kurzeitig ein Gefühl, nicht genug Luft zu bekommen, vermeiden kann.

Eine – abhängig von der konkreten Situation und Raumaufteilung in der eigenen Wohnung – durchaus zweckmäßige Möglichkeit ist, einen Fernalarm anzuschließen. Dadurch konnte ich vermeiden, dass die Lautstärke der Alarme so hoch eingestellt werden muss, dass es einerseits die Pflegeperson auch im Nebenzimmer hört, andererseits dadurch aber auch der Rest der Familie in benachbarten Zimmern gestört wird. Durch Anbringung eines Fernalarms im Pflegezimmer für die Alarme des Beatmungsgerätes sowie eines Babyphons für die Übertragung anderer Geräusche konnte ich die Situation verbessern, indem alle Alarme etc. nur auf eine geringe Lautstärke eingestellt werden müssen und so die Nachtruhe der übrigen Familienmitglieder nicht gestört wird.

Maskenbeatmung

Die Beatmung über eine Maske, die über die Nase bzw. über Mund und Nase geht, ist sicher am Anfang etwas gewöhnungsbedürftig. Wenn man aber die Zunahme der Schlafqualität sieht, ist es durchaus lohnend.

Bei der Auswahl einer Maske ist es – wie bei anderen Hilfsmitteln auch – ratsam, nicht gleich die erste Maske zu nehmen und sich dann dauernd über sie zu ärgern. Es gibt so viele Masken in den unterschiedlichsten Ausführungen und Größen. Es ist daher empfehlenswert, verschiedene Masken auszuprobieren, bis man einen Typ gefunden hat, der dicht schließt und trotzdem nicht drückt.

Ich finde in diesem Zusammenhang die Aussage ziemlich treffend, dass man ja auch nicht in ein Schuhgeschäft geht, sich dort ein paar Schuhe kauft und aus der Tatsache heraus, dass diese Schuhe nicht passen, schließt, dass man mit Schuhen an den Füßen eben nicht laufen kann. Es müsste eigentlich für jeden eine passende Maske geben – und wenn im Einzelfall tatsächlich nicht, dann gibt es auch die Möglichkeit, vom Gesicht einen 3D-Laserscan und von diesem Modell eine Sonderanfertigung machen zu lassen.

Face-Former

Ein für mich sehr wichtiges Hilfsmittel bei der Maskenbeatmung war der „Face-Former" – ein kleines Teil, das etwas an einen Schnuller erinnert und normalerweise von Logopäden für Übungen zur Stärkung der Mundmuskulatur eingesetzt wird. Es wird zwischen Lippen und Zähnen eingesetzt und dichtet den Mund ab, so dass man die

Mundmuskulatur durch Erzeugung eines Unterdrucks trainieren kann.

Ich habe diesen „Face-Former" allerdings für einen ganz anderen Zweck eingesetzt. Als ich nachts über eine Mund-/Nasenmaske nicht-invasiv beatmet wurde, hatte ich infolge eines fehlenden Mundschlusses das Problem, dass mein Mund durch den permanenten Luftstrom sehr unangenehm ausgetrocknet, quasi trockengeföhnt wurde. So habe ich diesen „Face-Former" abends eingesetzt und damit den Mund abgedichtet. Die Folge war, dass der Luftstrom automatisch durch die Nase gelenkt und so ein Austrocknen des Mundes vermieden wurde. (Quelle: Internet „Face-Former")

Trachealkanüle

Wenn eine Maskenbeatmung an ihre Grenzen stößt – z. B. weil sie einfach nervt – dann ist der nächste Schritt, sich über die Anlage eines Tracheostomas Gedanken zu machen. Das Tracheostoma an sich ist relativ schnell und selbstverständlich unter Narkose gelegt. Das, was gleich nach dem Aufwachen am meisten stört, ist, dass man nicht mehr sprechen und auch sonst keine Laute mehr erzeugen kann. Der Luftstrom nimmt ja die Abkürzung über die Trachealkanüle und kommt einfach nicht mehr an den Stimmbändern vorbei. Aus einem ähnlichen Grund kann man auch nichts mehr riechen, da die „eingeatmete Luft" nicht mehr durch die Nase geht und so auch nicht bei den „Riechzellen" in der Nase vorbeikommt. Die Tatsache, dass ich nicht mehr riechen kann, hat aber auch seine guten Seiten – wenn man schon anderen beim Essen zuschauen muss oder an verlockenden Buffets, Bratwurstverkäufern auf dem Volksfest, etc. vorbeikommt, dann ist es in gewisser Weise eine Gnade, nichts riechen zu können bzw. zu müssen.

Für mich war der Verlust der Sprechfähigkeit nicht wirklich ein Problem, da ich bereits vorher nur noch sehr verwaschen sprechen konnte, so dass jeder, der mich nicht kannte, meinen musste, ich sei schwer betrunken. Wenn das Sprechen an sich noch funktionieren und auch keine Schluckprobleme auftreten, kann man sich nach der ersten Zeit auch eine Sprachkanüle einsetzen lassen. Da das bei mir allerdings keinen Sinn gemacht hätte, habe ich dies auch nicht ausprobiert und kann diesbezüglich auch keine Tipps und Erfahrungen weitergeben.

Wie man mit der TK (Trachealkanüle) zurechtkommt, ist sehr individuell von verschiedenen Faktoren abhängig. Ich persönlich bin – nach Aussage meiner Ärzte – im Bereich der Luftröhre und des Halses extrem empfindlich. Aus diesem Grunde muss ich schon bei der kleinsten Manipulation an der TK oder an dem Schlauch einen starken Hustenreiz unterdrücken. Aber der Hustenreiz ist zumindest für das Umfeld nicht störend, da auch das Husten völlig geräuschlos ist. Andere Patienten kennen so etwas nicht – sie tolerieren jede Manipulation mit der Kanüle, ohne dass sie irgendein Problem damit hätten. Für die Auswahl der TK gilt ebenfalls, was ich über die Masken geschrieben habe. Wenn man mit einer bestimmten TK nicht zurechtkommt, dann ruhig andere probieren. Auch für Trachealkanülen gibt es im Extremfall die Möglichkeit einer individuellen Anfertigung.

Das Handling der TK, der regelmäßige Wechsel sowie der Umgang mit evtl. auftretenden Problemen ist Schulungs- bzw. Übungssache. Dafür kann man einen geeigneten Intensivpflegedienst suchen, der vollbeatmete Patienten im Rahmen einer „Beatmungspflege" betreut und von der Krankenkasse bezahlt wird.

Trotz der einen oder anderen Situation, die belastend ist, würde ich das aber auf jeden Fall wieder machen lassen. Die Lebensqualität steigt um einiges – in der letzten Zeit der Maskenbeatmung habe ich z.B. einen Mittagsschlaf gebraucht; seit die Sauerstoffversorgung mit der eingestellten TK-Beatmung wieder optimal ist, ist außergewöhnliche Müdigkeit kein Thema mehr.

Husten-Assistent

Ein wertvolles Hilfsmittel ist ein Husten-Assistent (Cough-Assist). Mit diesem Gerät kann man einen Hustenstoß simulieren, indem zuerst die Lunge mit einem eingestellten Druck überbläht und danach mit einem Unterdruck evtl. vorhandenes Sekret abgesaugt wird. Im Fall einer Maskenbeatmung wird das Gerät mit einer Mund-/Nasenmaske auf das Gesicht aufgesetzt. Bei einer Beatmung über eine Trachealkanüle kann der Cough-Assist direkt an die Kanüle angeschlossen werden.

Der Vorteil gegenüber dem normalen Absaugen ist, dass man das Sekret in der Lunge lösen und absaugen kann, wogegen beim normalen Absauggerät nur der Mundraum bzw. – beim Absaugen über die TK – nur der Bereich der TK selbst abgesaugt wird.

Absauggerät

Für das normale Absaugen von Mundhöhle und dem oberen Bereich der TK ist jedoch zwingend ein Absauggerät nötig. Da bei mir die Schluckfunktion sehr eingeschränkt ist, ist es relativ oft erforderlich, überflüssigen Speichel abzusaugen. Aus der TK saugt man dagegen – je nach Anfall – das Sekret aus der Luftröhre ab, das ohne TK nach oben transportiert und abgeschluckt würde. Diesen durch die TK nicht mehr möglichen Mechanismus muss man durch Absaugen über die TK ersetzen. Auch beim Absauggerät sollte man auf eine ausreichende Akku-Kapazität achten, da es für einen tracheotomierten Patienten ein ständiger Begleiter sein sollte. Da man bei derart wichtigen Geräten üblicherweise sowieso zwei verordnet bekommt, ist eine sinnvolle Lösung, ein stationäres Gerät – mit größerer Saugleistung – und ein mobiles mit Akku für unterwegs zu nutzen.

The Vest

Ein interessantes Hilfsmittel ist auch eine Rüttelweste, die u.a. unter dem Namen „The Vest" angeboten wird. Man zieht die Weste an und verbindet sie mit zwei Schläuchen mit dem Therapiegerät. Nach dem Einschalten wird die Weste zunächst aufgeblasen und überträgt dann eine in Stärke und Frequenz gewählte Oszillation auf den Oberkörper. Diese mehr oder weniger intensive Massage soll zum einen evtl. in der Lunge vorhandenes Sekret lösen und bewirkt darüber hinaus eine angenehme Massage der gesamten Oberkörpermuskulatur.

Tipps und Strategien

Wichtig ist aus meiner Sicht, dass man selbst bemüht ist, evtl. Probleme oder Unannehmlichkeiten zu erkennen und – gemeinsam mit Ärzten oder Versorgern – nach einer Lösung zu suchen. Ärzte und qualifizierte Versorger haben natürlich eine Menge Erfahrung, aber sie haben normalerweise nicht selbst ALS. Niemand kennt die eigene Situation besser als der Betroffene selbst.

Aus der Zeit, in der ich maskenbeatmet war, habe ich einen Tipp: Bei einer Beatmung mit einer Mund- und Nasenmaske wird der Überdruck, der die Luft in die Lunge drückt, natürlich auch in den Magen geleitet. Ich hatte daher morgens immer wieder ein Völlegefühl im Magen. Am einfachsten kann man dieses unangenehme Gefühl loswerden, indem man die PEG-Sonde öffnet und den Überdruck entweichen lässt. Zur Sicherheit natürlich ein Gefäß darunter halten und die Aktion nicht unbedingt direkt nach der Nahrungsaufnahme machen, dann hat eine solche Entlüftung einen sehr angenehmen Effekt.

Da ich vor dem Anlegen der Trachealkanüle ja doch noch nennenswert selbst geatmet habe, bin ich davon ausgegangen, dass die Atmung durch die offene TK eigentlich besser gehen müsste – schließlich ist der Luftweg kürzer und der Totraum von Mund und Nase entfällt. Heute sehe ich es als Fehler an, dass ich die gute Woche nach der TK-Anlage überwiegend im Krankenhaus-Bett gelegen bin und ständig am Beatmungsgerät angeschlossen war. Dadurch war nach meiner Meinung „der Zug abgefahren" und alle weiteren Weaning-Versuche – also die Entwöhnung von der Beatmung – haben nichts mehr gebracht. Mein Tipp: Auf jeden Fall auf diesen Effekt achten und darüber mit dem Arzt konkret sprechen. Es ergibt nämlich überhaupt keinen Sinn, dass man wegen dem kleinen Loch im Hals über eine Woche im Bett liegt – außer, dass das im Krankenhaus, und erst recht auf einer Intensivstation, eben immer so ist.

Bei Patienten in meiner Situation ist es zunehmend schwierig, die Pflegeperson auf sich aufmerksam zu machen – besonders auch nachts, wenn keinerlei Kommunikationsweg verfügbar ist. Eine Lösung, die bei mir ganz gut funktioniert, ist es, die Alarme des Beatmungsgerätes zu „missbrauchen". Durch mehrmaliges, stoßweises Ausatmen kurz hintereinander erkennt das Gerät eine Störung und meldet diese über den Fernalarm ins Pflegezimmer. Man muss nur mit den Pflegepersonen vereinbaren, dass sie ein derartiges Signal auch entsprechend interpretieren und es nicht aufgrund der Tatsache, dass so ein Alarm nicht lange ansteht, ignorieren.

Gehen und Stehen

Die Frage, wozu man die eigenen Füße noch nutzen kann und welche Hilfsmittel man ggf. verwenden kann, wenn das Gehen und Stehen nicht mehr so gut geht, stellt sich wohl jedem ALS-Patienten irgendwann. Bei mir haben die Symptome an meinen Händen begonnen, so dass die Beine noch einige Jahre funktioniert haben – erst nach und nach habe ich mich sicherer gefühlt, wenn ich einen Trecking-Stecken mitgenommen habe. Wie alle Symptome bei der ALS kann man nicht plötzlich nicht mehr laufen und sitzt ab dem Moment im Rollstuhl. Anfangs habe ich meinen Rollstuhl nur als Reserve-Verkehrsmittel mitgenommen. Erst nachdem ich einige Male gestürzt bin, war mir das Risiko dann doch zu groß und ich habe mir angewöhnt, den Rollstuhl zu nutzen und mich nur noch mit etwas fremder Unterstützung bzw. Sicherung umzusetzen.

Meine Geschichte

(Phase 0) Keine Einschränkungen.

(Phase 1 – ab 05.2013) Nutzung meines ersten Adaptiv-Rollstuhls mit E-Fix-Antrieb, überwiegend als Alternative, wenn das Gehen zu lange dauert.

(Phase 2 – ab 11.2013) Einsatz eines Permobil-Elektro-Rollstuhls für längere Strecken außer Haus. Verwendung des Adaptiv-Rollstuhls innerhalb der Wohnung.

(Phase 3 – ab 05.2014) Dauernde Nutzung des Elektro-Rollstuhls außer Haus und des Adaptiv-Rollstuhls in der Wohnung.

(Phase 4 – ab 10.2014) Umrüstung des Elektro-Rollstuhls auf Fußsteuerung.

(Phase 5 – ab 12.2015) Wegen der inzwischen immer weniger werdenden Rumpfstabilität Ersatz des bisherigen Adaptiv-Rollstuhls durch einen Pflegerollstuhl und Umrüstung des E-Fix-Antriebs auf diesen Pflegerollstuhl.

(Phase 6 – ab 07.2016) Da Hand- und Fußsteuerungen für mich nicht mehr bedienbar waren, lasse ich mich mit den Rollstühlen ausschließlich durch meine Pflegekräfte fahren.

(Phase 7 – ab 05.2017) Umrüstung des Elektrorollstuhls von Fußsteuerung auf Steuerung mit einem Taster am rechten Knie mit Hilfe eines Scan-Verfahrens.

Hilfsmittel

Adaptiv-Rollstuhl

Als ersten Rollstuhl hatte ich einen Adaptiv-Rollstuhl verordnet bekommen. Für den Anfang war dieser in der „Grundausstattung" zusammenfaltbar und relativ leicht mitzunehmen – auch im Flugzeug.

Im Laufe der Zeit konnte dieser Rollstuhl den aktuellen Anforderungen entsprechend aufgerüstet werden – so wurden eine stabile Rückenlehne, ein Anti-Dekubitus-Sitzkissen und eine individuell verstellbare Kopfstütze nachgerüstet.

Elektro-Rollstuhl

Für den Betrieb außer Haus wurde mir ein Elektro-Rollstuhl verordnet. Der Vorteil ist, dass man wesentlich bequemer sitzt als im Adaptiv-Rollstuhl und man nicht nur selbständig fahren, sondern auch z.B. die Sitzposition komfortabel selbst einstellen kann. Allerdings ist ein solcher Rollstuhl nennenswert schwerer und kann – im Gegensatz zu einem mit E-Fix-Antrieb – ausschließlich elektrisch gefahren werden.

Die Steuerungsvarianten sind bei einem Elektro-Rollstuhl vielfältig. Standardmäßig erfolgt die

Steuerung mit einem Joystick und Tasten auf einem Bedienteil an der Armstütze. Sobald ich diese Steuerung nicht mehr mit der Hand bedienen konnte, habe ich den Rollstuhl auf die Bedienung mit einem Pedal – eigentlich mit einem mit dem Fuß bedienbaren Joystick – umrüsten lassen. Die Bedienung ist damit zwar etwas umständlicher, aber es sind letztlich alle Funktionen verfügbar.

Nachdem die Bedienung mit dem Fuß irgendwann auch nicht mehr möglich war, habe ich auf die Ansteuerung im sogenannten „Scan-Modus" über einen Taster, den ich durch eine minimale Bewegung meines rechten Knies betätigen kann, umgestellt. Dabei werden die einzelnen Funktionen bzw. Pfeile für die gewünschte Fahrtrichtung der Reihe nach auf einem Display angezeigt und man wählt die gewünschte Funktion aus, indem man zur richtigen Zeit den Taster betätigt. Damit ist selbstverständlich nicht der mit einem Joystick erreichbare Bedienkomfort gegeben, aber es ist, zumindest für bestimmte Situationen, doch eine gute Alternative zu einer ausschließlichen Fremdbedienung durch Begleitpersonen – und wenn es auch nur um die Verstellung der Sitzposition geht oder darum, den Rollstuhl drehen zu können, um in die Richtung zu schauen, in die man gerade gerne schauen möchte.

Pflegerollstuhl

Seit dem Moment, in dem der Adaptiv-Rollstuhl, selbst mit Nachrüstung von Rückenschalen, Kopfstützen und Sitzkissen, nicht mehr geeignet dafür war, bequem den größten Teil des Tages darin sitzen zu können, habe ich stattdessen einen Pflegerollstuhl mit zusätzlichen Verstellmöglichkeiten von Sitz- und Rückenneigung in Verwendung.

Ich nutze diesen Rollstuhl zu Hause und in Situationen (z.B. Urlaubsreisen), in denen es nicht praktikabel ist, den Elektro-Rollstuhl einzusetzen.

„Bade-Rollstuhl"

Für einige wenige Anwendungsfälle hat es sich als sinnvoll herausgestellt, einen ganz einfachen transportablen „Reiserollstuhl" für unter 100 Euro aus dem Internet zu beziehen. Diesen Rollstuhl habe ich z.B. eingesetzt, um mich im Schwimmbad zu bewegen, also unter Bedingungen, für die die anderen Rollstühle einfach „zu schade" waren. Seit die Rumpfstabilität nicht mehr gegeben war, konnte ich diesen Rollstuhl natürlich nicht mehr nutzen, aber die Aktivitäten, die ich bis dahin mit diesem Stuhl noch machen konnte, waren die Investition wert.

E-Fix-Antrieb

Unerlässlich für die Freiheit, auch ohne Hilfe selbst mit dem Rollstuhl mobil zu sein, ist ein Elektroantrieb – vor allem, wenn man den Rollstuhl nicht mit den Armen bewegen kann oder auch nur – wie bei ALS – damit rechnen kann, dass diese Fähigkeit auf kurz oder lang verloren geht.

Mein Adaptiv-Rollstuhl wurde daher mit einem E-Fix-Antrieb ausgestattet, den ich jetzt auch noch mit dem Pflegerollstuhl nutzen kann. Da es für den E-Fix-Antrieb allerdings keine Sondersteuerungen gibt, konnte ich den Antrieb nur so lange selbst steuern, solange ich den Joystick noch selbst mit den Händen bedienen konnte. Seit das nicht mehr möglich ist, ist der Elektroantrieb zumindest eine große Hilfe für mein Pflegepersonal, das den Rollstuhl mit Hilfe des nun im Bereich der Schiebegriffe angebrachten Bedienteils auf teilweise größeren Ausflügen oder Urlaubsreisen problemlos fahren kann.

Tipps und Strategien

Auch bei der Rollstuhl-Versorgung ist es sehr empfehlenswert, dem Verlauf der Krankheit immer ein bis zwei Schritte voraus zu sein. Die Genehmigungswege und Lieferzeiten sind teilweise lang, sodass es riskant ist, wenn man sich einen Rollstuhl erst verschreiben lässt, wenn man ihn schon unbedingt braucht. Zudem hat man so auch noch etwas Zeit zum Üben und für evtl. Anpassungen.

Das Angebot an Rollstühlen und erst recht an Zubehör und Steuerungen ist riesig. Ohne eine qualifizierte Beratung kommt man hier nur schwer zurecht. Allerdings ergibt sich aus dem großen Angebot, dass man auch eine an die persönliche Situation angepasste Versorgung finden kann.

Aber auch bei Rollstühlen ist etwas eigene Kreativität erforderlich, um eine optimale Lösung für die eigenen individuellen Anforderungen zu finden. Hier sollte man sich nicht ausschließlich auf den Versorger verlassen, denn dieser kennt die Erkrankung üblicherweise nicht aus eigener Erfahrung und ist auf die Informationen und Rückmeldungen angewiesen.

Da sich die Anforderungen an einen Rollstuhl im Laufe der Zeit auch ändern, ist es sinnvoll, gleich von vorneherein Produkte zu wählen, die auch an veränderte Anforderungen angepasst werden können. Der Preis eines Elektro-Rollstuhls bewegt sich schließlich in der Größenordnung eines Mittelklasse-PKW – und entsprechend schwer würde es wohl sein, eine Krankenkasse zu überzeugen, diesen alle paar Monate oder wenige Jahre zu ersetzen.

Kommunikation

Erst wenn man sich nicht mehr verbal äußern kann, wird einem bewusst, wie vielschichtig doch das Thema „Kommunikation" ist. Man denkt sicher zuerst an technische Hilfsmittel, wie einen Kommunikations-PC, der allerdings nicht immer verfügbar und auch nicht in allen Situationen verwendbar ist. Damit ist es allerdings nicht getan und ich möchte den Begriff „Kommunikation" etwas weiter fassen und folgende unterschiedliche Kommunikationsaufgaben näher betrachten:

- Basiskommunikation
- Übermittlung von Wörtern
- „Unterhaltung" mit ganzen Sätzen
- Erzählungen und Geschichten

Jede dieser Aufgabenstellungen bedarf anderer Lösungswege und Hilfsmittel, auf die ich hier eingehen möchte.

Meine Geschichte

(Phase 0) Keine Einschränkungen

(Phase 1 – ab 07.2013) Nutzung eines Kommunikations-PC, mit eingeschränkter Mausbedienung und dem Programm „Dasher"

(Phase 2 – ab 07.2014) Bedienung mit Kopfmaus und Pedal. Veröffentlichung des mit der Kopfmaus geschriebenen Buchs „Textbausteine" im Juli 2015.

(Phase 3 – ab 09.2015) Verwendung der Augensteuerung.

(Phase 4 – ab 09.2015) Nach der TK-Anlage keine verbale Kommunikation mehr möglich, daher auch Basiskommunikation mit den Augen bzw. mit Morsezeichen. Kommunikationscomputer mit Augensteuerung bzw. Tablet im „Scan-Modus".

Basiskommunikation

Die einfachste Möglichkeit der Kommunikation ist die Antwort auf direkte Fragen, die eindeutig mit „Ja" oder „Nein" beantwortet werden können – vom Patienten durch Nicken und Kopfschütteln oder durch klare Zeichen, wie einmal mit den Augen zwinkern bedeutet „Ja", zweimal bedeutet „Nein".

Dazu ist jedoch eine überlegte Formulierung der Frage nötig. Während einem Fragesteller normalerweise ziemlich schnell auffällt, dass man „oder"-Fragen wie z.B. „möchten Sie das grüne oder das rote Hemd anziehen?" so nicht beantworten kann, muss man bei anderen Fragestellungen wie zum Beispiel „ist Ihnen nicht kalt?" schon etwas überlegen, um zu erkennen, dass man hier auch keine eindeutige „ja/nein"-Antwort geben kann.

Aber mit zunehmender Vertrautheit zwischen Fragesteller und Patient werden die Fragen in den verschiedenen Situationen immer präziser, sodass eine gewisse Basiskommunikation relativ gut funktioniert. Aufgrund der Erfahrung habe ich zudem zwischenzeitlich ein Dreimal-Zwinkern für „Ich weiß es nicht" sowie viermal für „Es ist mir egal" ergänzt. Aber damit ist diese Methode auch schon an der Grenze.

Übermittlung von Wörtern

Mit „Ja" oder „Nein" kommt man natürlich sehr schnell nicht mehr weiter. Wenn der Empfänger keine Vorstellung davon hat, was man sagen möchte, braucht man eine Möglichkeit, zumindest Schlüsselwörter zu kommunizieren.

Ich habe mich hier für den Einsatz des, zumindest im Prinzip allgemein bekannten, internationalen Morse-Alphabets entschieden. Die Folgen aus kurzen und langen Signalen sende ich dabei mit den Augen. Ich habe das Alphabet auswendig gelernt, was durch die Anwendung von Eselsbrücken nicht einmal so schwierig war, wie ich dachte. Ideal wäre es natürlich, wenn der Empfänger das Alphabet auch auswendig können würde, denn dann wäre eine „Unterhaltung" ganz ohne Hilfsmittel möglich. Da das Morsealphabet allerdings im Pflegebereicht eher unüblich ist, habe ich noch niemanden gefunden, mit dem dies funktioniert.

Hilfsmittel

Meinen Morsepartnern habe ich daher entsprechende Rückübersetzungstabellen ausgedruckt und laminiert, mit denen die Umsetzung von Morsezeichen in die entsprechenden Buchstaben mit etwas Übung schnell und problemlos möglich ist. Das Zusammensetzen der einzelnen Buchstaben zu dem gewünschten Wort fällt dem einen schwerer, dem anderen leichter. In vielen Fällen genügt aber schon die Übermittlung von einzelnen Buchstaben und der Empfänger kann das Wort schon erraten. Aber alles in allem betrachte ich diese Methode als eine geniale Lösung für dieses Kommunikationsproblem.
Quelle: Internet / Morsealphabet

„Unterhaltung" mit ganzen Sätzen

Solange meine Hände noch etwas funktioniert haben, habe ich mit verschiedenen Mäusen und Tastaturen experimentiert. Als die Hände dann ihren Dienst versagten, habe ich den Computer zunächst mit einer an meiner Brille befestigten Kopfmaus gesteuert. Als die dazu erforderlichen koordinierten Kopfbewegungen auch nicht mehr möglich waren, bin ich auf eine Augensteuerung umgestiegen.

Hilfsmittel (Hardware)

Kommunikations-PC

Das Hilfsmittel, das für mich die Kommunikation im Alltag ermöglicht, ist natürlich ein Kommunikations-PC. Die Basis ist in meinem Fall ein handelsüblicher 13"-Transformer-PC, den ich mit den unterschiedlichen Halterungen an meinen Rollstühlen, vor mir auf einem Tisch oder mit einem Bodenstativ über meinem Bett anbringen kann.

Zusatzbildschirm

Als zweckmäßig hat sich herausgestellt, bei der „Unterhaltung" mit anderen Leuten, insbesondere auch in einer größeren Gruppe, einen zusätzlichen Monitor aufzustellen oder einfach den Fernseher zweckentfremdet zu nutzen, so dass die Gesprächspartner sofort mitlesen können, was ich schreibe. Ansonsten war es für andere schwierig zu erkennen, ob ich etwas schreibe oder nur zuhöre. Die „Unterhaltung" läuft mit dieser Möglichkeit des Mitlesens wesentlich flüssiger und angenehmer ab als mit reiner Sprachausgabe.

Die Kopplung mit dem Monitor kann mit einem ganz normalen HDMI-Kabel erfolgen. Eine komfortable Lösung, mit der man auch verhindert, dass jemand über das HDMI-Kabel stolpert, ist eine drahtlose Verbindung. Dafür gibt es von Microsoft einen entsprechenden Empfänger, der in den HDMI-Eingang des Monitors gesteckt wird und sich – zumindest unter Windows 8.1 bzw. Windows 10 – direkt über die Geräte-Einstellungen ansprechen lässt.

Quelle: z.B. Amazon, Suchbegriff: Microsoft Wireless Display Adapter (2. Version, Adapter zur kabellosen Bildschirmübertragung) Preis: 49,99 €

Umfeldsteuerung

Außer für die Sprachkommunikation verwende ich den PC auch für die Umfeldsteuerung, also der Fernsteuerung von Radio, Fernseher, Licht, Pflegebett und Schwesternruf.

Der Kommunikations-PC ist dafür mit einem Infrarot-Sender ausgestattet, der durch die Kommunikations-Software „Grid" angesteuert wird. Das System arbeitet dabei wie eine lernbare Fernbedienung, der man die Signale von den üblichen Infrarot-Fernbedienungen (Fernseher, Stereoanlage aber auch Pflegebett) einlernen kann.

Für Signale, die nicht über Infrarot übertragen werden können, ist am Kommunikations-PC außerdem ein Umsetzer auf Funksignale angebracht, der die Ansteuerung des Funkfernsteuerungssystems ELDAT (www.eldat.de) ermöglicht. So ist auch eine Steuerung von Funktionen der Hausautomatisierung wie Lichtschalter, Aufzugsteuerung, Türöffner usw. möglich. Hier muss man sich nur überlegen, welche Funktionen in der individuellen Situation sinnvoll sind.

In diesem Zusammenhang sei noch erwähnt, dass die Geräte zur Umfeldsteuerung von der Krankenkasse übernommen werden können, sofern es sich nicht um in die Wohnung fest eingebaute Komponenten handelt. In meinem Fall wurden die Kosten für die Umfeldsteuerung als Funktion des Kommunikations-PCs von der Krankenkasse bezahlt, die Kosten für die Einbauten ins Haus, z.B. die fernsteuerbaren Lichtschalter, die Stellmotoren für den Türöffner usw., musste ich selbst übernehmen.

Mini-Tastatur und Spezialmäuse

In der Anfangsphase der Krankheit habe ich mit speziellen Tastaturen und Mäusen experimentiert und längere Zeit eine kleine Tastatur und eine vertikale Maus verwendet. Da lohnt es sich, im Internet Tastaturen und Mäuse zu suchen, mit denen man gut zurechtkommt, sobald man die „normalen" Tastaturen und Mäuse nicht mehr bedienen kann.

Beispiele für derartige Produkte:
Maus: Amazon – Suchbegriff: Ergonomische Maus, unterschiedliche Ausführungen
Tastatur: Amazon-Suchbegriff: Trust Tocamy schnurlos Tastatur schwarz, Preis ca. 20 Euro

Pedal

Wenn die Bedienung einer „normalen" Maus nicht mehr möglich ist bzw. – wie bei mir für eine gewisse Zeit – zwar die Maus mit den Händen noch verschoben werden kann, aber die Maustasten nicht mehr gedrückt werden können, dann kann die Lösung ein virtueller Mausklick (s. unter Software) sein oder ein Pedal mit drei Funktionen (Mausklick links, Mausklick rechts, linker Doppelklick). Ich habe ein solches Pedal, das über einen USB-Anschluss mit dem Computer verbunden wird, hauptsächlich in Verbindung mit der Kopfmaus verwendet.

Quelle: z.B. Amazon, Suchbegriff: Scythe USB_3FS-2 USB Fußschalter mit 3 Tasten, Preis: 45,98 €

Kopfmaus

Wenn auch die Bewegung der Maus auf einer Unterlage nicht mehr mit den Händen möglich ist, dann ist eine geniale Lösung eine Gryo-Maus, also eine Maus, die die Bewegungen im Raum mit Beschleunigungssensoren erkennt und drahtlos an einen USB-Empfänger überträgt. Wenn man diese Maus z.B. an einem Brillenbügel befestigt, dann kann man den Mauszeiger durch seine Kopfbewegungen steuern. Am Kopf, entweder an der Brille oder – für Nicht-Brillenträger – mit einem mitgelieferten Bügel befestigt, ist dabei die übliche Verwendung. Im Prinzip kann man sie jedoch an jedem beliebigen Körperteil nutzen, über welches man eine ausreichende Kontrolle der Bewegungen hat. Ich habe mir den Sensor z.B. auch schon am Rand meiner Schuhe eingehängt und so den Mauszeiger mit Fußbewegungen gesteuert.

Als Brillenträger habe ich mir für die Befestigung eine spezielle Brille machen lassen, die zum einen ein relativ stabiles Gestell und auch ganz einfache Einstärkengläser hat. Der Sensor ist zwar nicht schwer, aber bei einem filigranen Gestell würde der Sensor auf einer Seite schon eine gewisse störende Schieflage bewirken. Besondere Glaseigenschaften, wie z.B. bei Gleitsichtgläsern, wären auch eher nachteilig, denn dadurch, dass man den Kopf bewegt, um den Mauszeiger zu steuern, würde man zwangsläufig von der normalen Blickrichtung, für die die Gläser geschliffen wurden, laufend abweichen. Die Konsequenz wäre, dass man zumindest schlecht sieht, wahrscheinlich aber auch Kopfschmerzen durch die laufende Adaptation der Augen bekommt.

An den Empfänger können zwei Taster für den linken und rechten Mausklick angeschlossen werden, die dann an einer geeigneten Stelle angebracht werden. Ich habe jedoch meist das oben beschriebene Pedal oder das unter Software beschriebene Mausklick-Programm verwendet.

Quelle: www.quha.com/products-2/zono/ Preis nach meiner Information ca. 800 Euro – wurde bei mir jedoch direkt mit der Krankenkasse abgerechnet.

Augensteuerung

Die Augensteuerung ist natürlich ein Thema für sich. Alle, die vor dieser Umstellung stehen, möchte ich beruhigen, wenn sie am Anfang nicht damit klarkommen. Neben etwas Übung ist es auch sehr wichtig, ein System auszuwählen, das individuell für einen geeignet ist. Ich selbst habe vier Kameras ausprobiert, bis ich eine gefunden habe, mit der ich nun sehr gut zurechtkomme. Auch Kleinigkeiten, wie zum Beispiel eine geeignete Brille, spielen eine große Rolle. Ich habe mir eine Einstärkenbrille machen lassen, die nicht entspiegelt ist und ziemlich weit nach unten gehende Gläser hat. Dadurch konnte ich die Qualität der Steuerung weiter verbessern.

Ich habe mich letztlich für die Eyegaze-Kamera entschieden, mit der ich sehr gut zurechtkomme. Außer, dass der Preis für den Kommunikations-PC inklusive der Augensteuerung im 5-stelligen Bereich liegt, kann ich hierzu keine genaueren Angaben machen.

Informationen des Herstellers: www.eyegaze.com/eye-tracking-assistive-technology-device/

Tablet für unterwegs

Auch die beste und komfortabelste Lösung, die Augensteuerung, stößt in bestimmten Fällen an ihre Grenzen. Wenn ich draußen unterwegs bin, dann lässt sich die Augensteuerung nicht stabil kalibrieren, da sich sowohl die Lage der Kamera als auch die der Augen infolge der Erschütterungen immer wieder ändert. Außerdem funktioniert die Augensteuerung bei hoher Umgebungshelligkeit und erst recht bei direkter Sonneneinstrahlung nicht. Weitere Nachteile sind, dass man den Kommunikations-PC üblicherweise im zentralen Gesichtsfeld montiert hat und so immer das Gefühl hätte, ein „Brett vor dem Kopf" zu haben. Nicht zuletzt ist der Kommunikations-PC und insbesondere die empfindliche und teure Kamera vielfach für einen raueren Einsatz im Freien einfach zu schade.

Eine gute Kompromisslösung für diesen Fall ist die Verwendung eines kleinen 10-Zoll-Tablets mit

Windows-Betriebssystem für Aktivitäten außer Haus. Statt mit den Augen steuere ich dieses über einen Taster am Rollstuhl mit der Bewegung des Knies. Im sogenannten „Scan-Modus" geht das Programm die einzelnen Felder am Bildschirm der Reihe nach durch und man wählt durch Drücken des Tasters zum richtigen Zeitpunkt den entsprechenden Befehl aus. Damit kann man natürlich die Mausbewegung nur sehr umständlich und langsam nachbilden und eigentlich nur die in den Grid-Rastern implementierten Funktionen vernünftig nutzen. Die Möglichkeiten einer einfachen Kommunikation, idealerweise durch die Anwahl bereits vorbereiteter Standardsätze, ist damit jedoch gegeben. Auch die für mich für unterwegs relevanten Funktionen wie Zeitung lesen, E-Books lesen und Musik hören, habe ich durch Erstellung entsprechender Grid-Raster ermöglicht. Damit ist dies für mich für diese Anwendungsfälle eine optimale Lösung

Bei der Auswahl eines geeigneten Gerätes sollte auf folgendes Detail geachtet werden: Üblicherweise haben Tablets dieser Größenordnung nur einen Micro-USB-Anschluss, über den das Gerät **entweder** an eine Stromversorgung angeschlossen werden kann **oder** über den mittels eines so genannten OTG-Adapters der Betrieb externer USB-Geräte möglich ist. Da wegen der in diesem Fall durchaus sinnvollen Deaktivierung von allen energiesparenden Funktionen, wie automatischem „Stand-by", die Betriebsdauer des internen Akkus erheblich reduziert und daher ein dauernder Anschluss an eine externe Stromversorgung empfehlenswert ist, andererseits aber der Bedientaster auch angeschlossen werden muss, ist es wichtig, dass das Gerät einen Micro-USB-Anschluss für die Stromversorgung **und** einen separaten USB-Anschluss für den Taster hat.

Als Beispiel hier die Informationen zu dem von mir genutzten Gerät:
Amazon – Suchbegriff: Odys Duo Win 10 plus 3G
25,7 cm (10,1 Zoll IPS Display) ca. 180 €

Stromversorgung

Die Stromversorgung sowohl des Kommunikations-PCs als auch des Tablets erfolgt im Allgemeinen über entsprechende Netz-/Ladegeräte. An dem Elektro-Rollstuhl habe ich mir für den Kommunikations-PC eine 12-Volt-Kfz.-Steckdose und für das Tablet eine USB-Steckdose anbauen lassen, so dass die Stromversorgung beider Geräte über entsprechende Adapterkabel von der Rollstuhl-Batterie erfolgen kann.

Beim Pflegerollstuhl ist eine derartige Anbindung nicht möglich. Das Tablet versorge ich hier von einer Powerbank, einem Zusatzakku mit ausreichender Kapazität. Wenn ich mit Pflegerollstuhl und Kommunikations-PC unterwegs bin, dann bleibt mir nur, innerhalb der Akkulaufzeit – bei mir ca. 2 Stunden – wieder eine Steckdose zu finden.

Brain-Computer-Interface (BCI)

Getreu der Strategie, der Krankheit immer einen oder zwei Schritte voraus zu sein, um nicht irgendwann ein Problem zu bekommen und noch keine Lösung dafür zu haben, beschäftige ich mich zurzeit mit dem „Plan B", für den Fall, dass ich die Augensteuerung nicht mehr bedienen können sollte. Der technische Ansatz dafür ist das so genannte „Brain-Computer-Interface", also die Steuerung des Computers durch Hirnströme. Während die Augensteuerung inzwischen eine standardmäßige Lösung ist, befindet man sich bei der BCI-Technologie noch eher im Bereich der Forschung. Die technische Grundlage dabei ist nicht das Problem – jeder, bei dem schon Mal ein EEG gemacht wurde, kennt die Möglichkeit, Hirnströme über am Kopf befestigte Elektroden abzunehmen, zu verstärken und dann dem Neurologen für seine Diagnose ausgedruckt zur Verfügung zu stellen.

Bei der Aufgabenstellung, mit diesen Hirnströmen etwas zu steuern, muss man „nur" feststellen, wie sich die Hirnströme bei bestimmten Aktivitäten oder Gedanken verändern, und daraus Signale ableiten, die von einer ziemlich komplexen Software ausgewertet und zur Steuerung von Computer-Funktionen verwendet werden. Es gibt dafür verschiedene Ansätze, aber ein anwendungsfertiges Produkt „von der Stange" gibt es dafür wohl noch nicht.

Um mich dem Thema zu nähern und auch festzustellen, ob ein System auf dieser Basis bei mir überhaupt funktioniert, bin ich mit der Universität Würzburg im Kontakt, einem Institut, das auf dem Gebiet der Forschung für diese Technologie schon länger erfolgreich tätig ist.

Eines der Verfahren, die ich testen durfte, war ein Schreibprogramm, bei dem man sich auf einzelne Buchstaben einer Art Bildschirmtastatur konzentriert, die dann vom Gerät nach einiger Zeit erkannt werden. Bei dieser Technologie werden die Zeilen und Spalten der Bildschirmtastatur in einer bestimmten Reihenfolge gescannt, sie blitzen dabei kurz hintereinander auf. Wenn man sich nun auf einen Buchstaben konzentriert, dann bekommt das Gehirn das Aufblitzen des gewünschten Buchstabens intensiver mit, so dass das System aus dem Zeitpunkt, an dem der gewünschte Buchstabe aufblitzt, und der dadurch ausgelösten Veränderung der gemessenen Hirnströme den Buchstaben ermitteln kann.

Das ist ein technisch faszinierender Vorgang – nur ohne Übung ziemlich anstrengend und vor allem langsam – der Zeitraum, den man braucht, um auf diese Weise ein Buch zu schreiben, würde wohl die Lebenserwartung nicht nur eines ALS-Patienten vermutlich bei Weitem übersteigen.

Das war ein erster Versuch, der mir gezeigt hat, dass bei mir eine Auswertung der Hirnströme überhaupt prinzipiell möglich ist. Ich werde mich mit diesem Thema weiter befassen und hoffentlich eine für mich akzeptable Lösung finden, auch wenn diese weit von den derzeit diskutierten Visionen, nach denen man sein Gehirn über Bluetooth mit seinem Computer verbinden oder ihm im Idealfall gleich eine IP-Adresse zuweisen und ins Internet einbuchen kann, entfernt ist. Ich wäre im Moment eigentlich zufrieden, wenn ich den Taster, den ich mit dem Knie betätige und damit mein Tablet bediene, nachbilden könnte und so ein Minimum an Kommunikationsfähigkeit sicherstellen kann.

Wenn sich jemand für dieses Thema interessiert, so kann er sich auf den unten aufgeführten Internet-Seiten über Systeme informieren, die bereits auf dem Markt sind – diese Systeme sind jedoch (noch) nicht als Hilfsmittel zugelassen, so dass die Kosten normalerweise nicht von einer Krankenkasse übernommen werden können. Außerdem liegen nach Einschätzung von Fachleuten bei den geringen Stückzahlen, die davon in Deutschland möglicherweise im Einsatz sind, nicht wirklich

verlässliche Aussagen über die praktische Einsatz-
fähigkeit vor und sind auch Fragen bzgl. des möglichen Service und der Anpassung an den Patienten offen – sicher sind das momentan keine Geräte,
die man im Internet bestellt, an den eigenen Computer anschließt und dann damit arbeiten kann –
aber die Entwicklung bleibt spannend.

Informationen:
www.intendix.com
www.brainfingers.com

Hilfsmittel (Software)

Grid 2 / 3

Die Hardware wird durch entsprechende Software ergänzt. Zu der mir überwiegend von der
Krankenkasse zur Verfügung gestellten Hardware
wurde mir das universelle Kommunikationspro-
gramm Grid 2 mitgeliefert, das inzwischen durch
die ab Ende 2016 verfügbare neue Version Grid 3
ersetzt wurde. Dieses Programm verwaltet die Augensteuerung und die Umfeldsteuerung und bietet eine sehr flexible Oberfläche mit frei program-
mierbaren Bedienbildschirmen bis hin zur Integra-
tion der normalen Windows-Funktionalität.

Wenn jemand Grid 3 mit der Augensteuerung bedient, kann er allerdings nicht gleichzeitig die Einstellungen des Programms bearbeiten oder eigene

Raster erstellen bzw. vorhandene Raster verwalten und bearbeiten. Wer allerdings (noch) eine Installation der Vorgängerversion Grid 2 installiert hat, der kann Grid 2 mit der Augensteuerung starten und danach Grid 3 wie jedes andere Windows-Programm auch. So hat man den vollen Zugriff auf Grid 3 und kann sich – etwas Affinität zu Computern vorausgesetzt – für alle konkreten Aufgabenstellungen optimal gestaltete Grid-3-Raster zusammenstellen oder selbst entwerfen.

In diesem Zusammenhang ist es interessant zu wissen, dass Nutzer der Grid-Software kostenlos eine zweite Lizenz abrufen und damit solche Alternativlösungen, wie ein Tablet für unterwegs, realisieren können, ohne eine zweite Vollversion kaufen zu müssen.

Informationen: www.hidrex.de/reha/produktneuheiten-/kommunikationssoftware/grid-3-kommunikationssoftware

Dasher

Dasher ist ein aus meiner Sicht geniales Eingabeprogramm für Fließtexte, mit dem man – zugegebenermaßen mit etwas Übung – fast mit dem 10-Finger-System vergleichbare Schreibgeschwindigkeiten erreicht und damit jede noch so gute Bildschirmtastatur weit übertrifft. Das Programm sieht auf den ersten Blick eher aus wie ein Computerspiel – wie ein Autorennen oder etwas in der Art.

Die einzelnen Buchstaben werden nicht ange-
klickt, sondern ganz ohne Klick praktisch mit dem
Mauszeiger „aufgefädelt", so dass sich die gewünschten Worte und Sätze bilden. Dabei lernt
das System auch vom Nutzer, so dass häufig ver-
wendete Wörter prominenter angeboten werden
und so noch schneller geschrieben werden können.

Ich hatte begonnen, dieses Programm zu verwenden, als ich die normale Maus noch auf dem Tisch
verschieben konnte, habe es mit der Kopfmaus genutzt und schreibe auch jetzt mit der Augensteuerung damit. Ohne diese Möglichkeit wäre z.B. das
Schreiben eines Buches aus meiner Sicht unmöglich.

Mein Tipp: Auf jeden Fall ausprobieren – man
kann es kostenlos aus dem Internet herunterladen,
weshalb es auch kein kommerzieller Versorger be-
werben oder anbieten wird. Aber auch nicht ent-
mutigen lassen, denn man braucht etwas Übung,
um damit glücklich zu werden. Außerdem gibt es
eine Reihe von individuellen Einstellungen – Ge-
schwindigkeiten, Modi z.B. für Augensteuerung,
Ansteuerungen –, die, wenn sie nicht optimal angepasst sind, das Programm auch nervig bzw. un-
bedienbar machen können.

*Quelle: Internet – Suchbegriff: Dasher 4.11 – Down-
load kostenlos. www.infer-
ence.phy.cam.ac.uk/dasher/Download.html*

On-Screen-Keyboard

Während Dasher für die Eingabe von Fließtexten optimal ist, ist es für einzelne Eingaben, Korrekturen oder Navigation innerhalb eines Dokuments ungeeignet. Dafür benötigt man in jedem Fall eine Bildschirmtastatur als Ersatz für die normale Tastatur.

Das Programm „Comfort On-Screen-Keyboard Pro" ist eine Bildschirmtastatur, bei der man sehr viele Parameter, wie z.B. Layout, Farben, Transparenz u.v.m., individuell einstellen kann. Das ist nicht nur eine Spielerei, sondern erleichtert die Bedienung erheblich. So habe ich z.B. die Transparenz auf 50 % eingestellt und erreiche damit, dass ich das Dokument oder die Internet-Seite auch im Hintergrund sehe. So kann ich vermeiden, dass ich jedes Fenster auf dem doch relativ kleinen Bildschirm bei Verwendung der Bildschirmtastatur nochmal verkleinern muss. Wenn die Tastatur (Größe einstellbar) etwas überlagert, was ich bearbeiten möchte, dann kann ich sie mit der Maus ganz einfach in einen Bildschirmbereich verschieben, wo sie momentan „nicht stört".

Auch hier sollte man sich mit den zahlreichen Einstellungen vertraut machen, damit man für sich optimale Einstellungen findet.

Quelle: de.comfort-software.com/on-screen-keyboard.html, Preis: 19,95 $

Point-n-click

Dieses Programm simuliert die verschiedenen Mausklicks und ist eine ideale Ergänzung für Eingabegeräte, die nur den Mauszeiger nachbilden. Die Funktionalität ist im Programm Grid auch enthalten. Point-n-click ist die Alternative, wenn man (noch) nicht über Grid in Windows geht oder wenn man auf einem Gerät arbeitet, auf dem Grid (noch) nicht installiert ist. Es ist eine reine Windows-Anwendung und kann kostenlos heruntergeladen werden.

Das Prinzip ist, dass man mit dem Mauszeiger in einem kleinen Fenster irgendwo am Bildschirm durch Verweilen für eine gewisse Zeit auf dem entsprechenden Symbol auswählt, welche Art von Klick man als Nächstes verwenden möchte. Dann bewegt man den Mauszeiger dorthin, wo man den Klick ausführen möchte, und löst den Klick wiederum durch Verweilen auf dieser Position aus.

Quelle: www.polital.com/pnc/ – Download kostenlos.

Next-up-Talker

Next-up-Talker ist ein komfortables Sprachprogramm, welches unter Windows läuft und das ich fast ausschließlich nutze, um frei eingegebene Texte vorlesen zu lassen. Man kann dabei aus einer ganzen Palette an Stimmen wählen und hat in einem Programm alle für eine „Unterhaltung" benötigten Funktionen bis hin zur Möglichkeit, Texte abzuspeichern und bei Bedarf abzurufen.

Quelle: nextup.com/talker/ – Preis: 95,50 € – 30 Tage kostenloser Test der Vollversion. Die Stimmen können sowohl für Next-up-Talker als auch für TextAloud verwendet werden. Die im Paket enthaltenen Stimmen kann man auch in deutsche Stimmen „umtauschen", dazu muss man jedoch eine E-Mail an den Hersteller schreiben, der dann den Preis für das Programm entsprechend um den Preis der Stimmen reduziert, so dass man sich entsprechende Stimmen z.B. aus dem Angebot von deutschen „Acapella-Stimmen" auswählen und herunterladen kann.

TextAloud

Das Programm TextAloud ist vom selben Hersteller wie Next-up-Talker und in vielen Funktionen vergleichbar. Es ist aber mehr ein „Vorleseprogramm" und hat daher einen anderen Aufbau und einige zusätzliche Funktionen. So kann dieses Programm Add-Ins in Standard-Microsoft-Office-Programme integrieren, so dass man z.B. direkt einen in Word markierten Text vorlesen lassen kann. Ein für mich z.B. für Vorträge interessante Funktion ist, dass man einen geschriebenen Text sich auch in eine MP3-Datei „vorlesen" lassen kann. So kann ich mir von Vortragstexten Audiofiles erzeugen, die ich dann z.B. in PowerPoint-Folien einbinden und mir so eine automatisierte Präsentation mit gesprochenen Texten zusammenstellen kann.

Quelle: nextup.com/index.html – Preis: 19,99 €

X-Change pdf-reader

Dadurch, dass man über Grid und mit Augensteuerung „normale" Programme anders bedient als üblich, sind kleine Unterschiede in der Bedienphilosophie u.U. wesentlich wichtiger als für den „normalen" Anwender. Es empfiehlt sich daher, mehrere Programme für den gleichen Zweck miteinander zu vergleichen, welche sich am besten bedienen lassen.

Ich habe z.B. festgestellt, dass ich mit dem X-Change pdf-Reader besser zurechtkomme als mit dem üblichen Acrobat-Reader. So ist die für mich sehr wichtige Möglichkeit, als pdf-Datei vorliegende oder von mir eingescannte Formulare ausfüllen zu können, bei diesem Programm deutlich besser gelöst als bei anderen – hier geht es u.U. auch um Kleinigkeiten, die der normale Benutzer oft überhaupt nicht wahrnimmt, wie z.B. Größe und Position von Schaltflächen, die Möglichkeit der Bedienung durch (z.B. von Grid erzeugten) Tastenkombinationen.

Quelle: www.chip.de/downloads/PDF-XChange-Viewer_29539244.html – kostenloser Download

----

MP3-Player

Aus ähnlichen Gründen nutze ich auch den VLC-Media-Player statt der standardmäßig installierten Microsoft-App zur Wiedergabe von Musikdateien.

Quelle: www.vlc.de – kostenloser Download

Dropbox

Für den Datenaustausch zwischen meinem Kommunikations-PC und meinem Tablet für unterwegs verwende ich einen Dropbox-Account. So erreiche ich, dass z.B. die Tageszeitung, die ich mir morgens auf den Kommunikations-PC lade, automatisch auch am Tablet zur Verfügung steht und ich mir so Aktionen am Tablet, die wegen der fehlenden Augensteuerung dort ja wesentlich schwerer bzw. nur mit einer Hilfsperson möglich wären, spare. So kann ich mir alle Dateien (Zeitungen, Zeitschriften, Nahverkehrsfahrpläne, Musik) komfortabel am Kommunikations-PC zusammenstellen und habe diese automatisch auf dem Tablet synchronisiert.

Auch für Änderungen und Ergänzungen zu den Grid-Rastern am Tablet nutze ich die Dropbox zum Datenaustausch, da ich auch diese nur am Kommunikations-PC bearbeiten kann und dann lediglich auf dem Tablet importieren brauche.

Informationen: www.dropbox.com

Messenger

Ein wichtiger Kommunikationsweg sind in der heutigen Zeit Messenger-Dienste, allen voran what's app. Nachdem what's app für lange Zeit ausschließlich vom Smartphone genutzt werden konnte, gibt es inzwischen auch eine Web-Version sowie eine Desktop-Variante für Windows PCs. Dieser Zugang hat allerdings einen entscheidenden Nachteil – er funktioniert nur als „Ableger" der Smartphone-App. Das bedeutet, er funktioniert nur, wenn das eigentlich auf what's app angemeldete Smartphone gleichzeitig voll funktionsfähig ist, d.h. angemeldet und mit dem Netz verbunden. Für wen das kein Problem ist, für den ist das eine gute Lösung.

Bei mir läuft das Smartphone eigentlich ausschließlich für diese Funktion und verliert auch gelegentlich die Netzwerkverbindung, so dass diese Lösung nicht wirklich optimal ist. Meine wichtigsten what's app-Kontakte sind inzwischen auch über einen Zugang zum Messenger „Telegram" erreichbar. Telegram bietet sowohl einen Web-Zugang über den Internet-Browser als auch eine App für Windows-PCs, die beide autark vom Smartphone funktionieren und damit nur eine Internet-Verbindung des Rechners benötigen. Man kann den selben Account natürlich auch am Smartphone einrichten und hat dann zwei unabhängige

Zugänge zu seinem Account – ein klares „Plus"
gegenüber der what's app-Philosophie.

*Informationen: www.whatsapp.com/?l=de und
www.telegram.de*

E-Book-Reader

Meine E-Books beziehe ich von Amazon und habe
die entsprechende Kindle-App auf meinem Kommunikations-PC und meinem Tablet. Die App am
Tablet lässt sich gut über Tastenkombinationen
(Short-Cuts) bedienen, d.h. man kann sie auch
über Grid-Raster im Scan-Modus gut steuern.

Windows-Standardprogramme, Microsoft-Office u.a.

Die üblichen Programme für Windows, wie z.B.
Microsoft-Office, können sowohl auf dem Kommunikations-PC, als auch auf dem Tablet installiert werden. Die Bedienung ist auf dem Kommunikations-PC mit der Augensteuerung problemlos
und ohne Einschränkungen möglich. Die Nutzung
der Anwendungen auf dem Tablet über Grid im
„Scan-Modus" funktioniert dagegen nur begrenzt
über nach den entsprechenden Anforderungen er-
stellte Grid-Raster.

Tipps und Strategien

Allgemein lässt sich auch für das komplexe Thema „Kommunikation über Computer" empfehlen, dass man sich rechtzeitig um die entsprechenden Gerätschaften bemüht. Zunächst ist natürlich die Zeit für die Bearbeitung bei der Krankenkasse – sofern es sich um verordnete Hilfsmittel handelt – und die Lieferzeit des Herstellers zu berücksichtigen. Darüber hinaus lassen sich viele Geräte und Programme nur nach einer gewissen Einarbeitung und Übung optimal nutzen. Diese Übung ist dabei wesentlich einfacher und effektiver, wenn man noch nicht wirklich darauf angewiesen ist.

Erzählungen und Geschichten

Schwierig wird es in dem Moment, in dem man etwas Umfangreicheres erzählen möchte, wie z.B. eigene Erlebnisse. Wenn man anfängt eine Anekdote in den Kommunikations-PC einzugeben, vergeht so viel Zeit, dass die Situation, zu der die Geschichte gepasst hätte, sicher schon lange vorbei ist.

Mein erster Gedanke war es, die Geschichten, an die ich mich gerne erinnere, als vorformulierte Textbausteine in meiner Kommunikationssoftware einzuspeichern. Bei genauerer Überlegung erschien mir das dann doch etwas unverhältnismäßig. Der Aufwand für das Schreiben der Geschichten im Verhältnis zu der Wahrscheinlichkeit, diese auch konkret in eine Unterhaltung einbinden zu können, erschien mir dann doch zu groß.

Schließlich entstand der Gedanke, die Geschichten in Form eines Buches zusammenzustellen und auf diese Art der Umwelt zu kommunizieren und auch gleich der Nachwelt zu bewahren, z.B. meinen zukünftigen Enkelkindern, die mich bei meiner Krankheit möglicherweise nicht mehr kennenlernen werden, denen ich diese Geschichten aber auf keinen Fall selbst erzählen kann.

So habe ich mich ans Schreiben gemacht. Da ich, besonders im Rahmen meiner beruflichen Tätigkeit als Vertriebs- und Projektingenieur für Flughafenprojekte, viel in Ländern unterwegs war, die man bei uns üblicherweise kaum kennt, hatte ich kein Problem, mich an interessante, teilweise bemerkenswerte oder auch zum Lachen oder Nachdenken anregende Geschichten, Erlebnisse und Informationen zu erinnern.

Ohne eine konkrete Vorstellung davon, wie lange es dauern und wie umfangreich das Ergebnis letztlich werden würde, fing ich an, mir die einzelnen Länder, die ich besucht hatte, herauszuschreiben und dann Land für Land die Erlebnisse auszuformulieren, die mir zu jedem einzelnen in Erinnerung geblieben sind.

Nach knapp 3 Monaten hatte ich die Länder so weit durchgearbeitet. Während des Schreibens konnte ich bei mir einen Effekt beobachten, den ich mir anfangs nicht so vorgestellt hatte. Durch das nochmalige bewusste Erinnern konnte ich diesen Teil meines Lebens gleichsam nochmals durchleben und durch das Ausformulieren und Niederschreiben auf eine schöne und effektive Art für mich sauber abschließen. Wenn ich zurückdenke, muss ich sagen, dass mir sonst ein wichtiges Mittel zur Vergangenheitsbewältigung und der mentalen Ordnung entgangen wäre, und ich möchte diese Erfahrung als Gedankenanstoß an andere weitergeben, die sich in einer vergleichbaren Situation befinden.

Ich habe dieses Buch natürlich nicht als Anwärter auf die Bestseller-Liste geschrieben und auch nicht, um damit reich zu werden. Entsprechend schwieriger dürfte es früher auch gewesen sein, einen Verlag zu finden, der ein solches Werk verlegt und damit auch ein gewisses wirtschaftliches Risiko einzugehen bereit gewesen wäre.

Recherchen im Internet haben mich jedoch zu Verlagen geführt, die nach dem unten näher beschriebenen „Print-on-Demand"-Verfahren arbeiten. Mein druckfertiges Manuskript habe ich dann online beim Verlag eingereicht und habe so das Problem, einen Verlag zu finden, der bereit ist, mein Buch herauszugeben, umgangen.

Eine Woche nachdem ich die endgültigen Dateien hochgeladen hatte, hielt ich dann das Ergebnis in Händen und verspürte, ehrlich gesagt, schon einen gewissen Stolz über mein „Werk". Noch beeindruckender war es dann, als ich nach wenigen Tagen mein Buch nach Eingabe der Suchbegriffe „Textbausteine" und „Tröger" wie ein ganz normales Buch bei Amazon finden konnte. Das Suchen meines Buches im Internet, was teilweise unerwartete Treffer lieferte, wie z.B. der Listung im Angebot eines finnischen Buchhändlers, ist einfach interessant und zeigt auf beeindruckende Weise, wie die Mechanismen der Informationsverbreitung funktionieren.

Ebenso interessant waren aber auch die Reaktionen, zu denen die Veröffentlichung geführt hat und die ich so nicht erwartet hatte. Im privaten Bereich bekam ich viele positive Rückmeldungen zum Inhalt, zu der lesenswerten und unterhaltsamen Art, wie ich als Nicht-Schriftsteller das Buch geschrieben habe, aber auch Bewunderung dafür, dass ich einen so umfangreichen Text ohne funktionsfähige Hände überhaupt erstellen konnte. Es nahmen aber auch ehemalige Kollegen und entfernte Bekannte, die über ein paar Ecken von dem Buch erfahren hatten, Kontakt zu mir auf, teilweise sogar über den Verlag. So wirkt das Buch auch als Katalysator für Kontakte.

Als durchaus sinnvolle Verwendung hat sich ergeben, dass auf diese Art sich auch Leute, die mich nicht von früher kennen, wie z.B. neue Pflegekräfte, ein Bild von dem Menschen machen können, den sie sonst nur als einen in erheblichem Umfang funktionslosen Körper kennen, der nur durch verschiedene Hilfsmittel am Leben gehalten wird. So habe ich, wenn ich z.B. ins Krankenhaus gehe, immer gerne ein Exemplar dabei, sodass Leute, die sich für den Menschen hinter der Krankheit interessieren, zumindest die Einführung und den Schluss überfliegen können.

Nicht zuletzt hat das Buch vielleicht auch dazu beigetragen, die Krankheit bekannter zu machen, da über das Buch und meine Geschichte sowohl ein größerer Artikel in den Nürnberger Nachrichten erschien, als auch ein kurzer Hörfunkbeitrag im Bayrischen Rundfunk gesendet wurde. In gewisser Weise sind diese Veröffentlichungen auch der Grund dafür, dass ich eingeladen wurde, bei den Digab-Kongressen 2016 in Bamberg und 2017 in Köln unter anderem über das Buch zu berichten.

Hilfsmittel

Den Schlüssel für eine wirtschaftlich unbedenkliche Veröffentlichung fand ich im Internet in Form von Verlagen, die mit modernen Maschinen auch Klein- und Kleinstauflagen, bis hin zu Einzelstücken, auf konkrete Bestellung herstellen können.

Somit ist das Risiko, auf einer bestimmten Auflage sitzen zu bleiben, nicht mehr gegeben und jeder kann diesen Weg völlig problemlos für Druck und Veröffentlichung nutzen. Die Veröffentlichung erfolgt dabei wie bei anderen Verlagen auch. Das Buch erhält eine ISBN-Nummer, wird in den Großhandelsverzeichnissen aufgeführt, auf Wunsch auch in ein E-Book konvertiert und ist über den üblichen Buchhandel, inklusive auch Amazon und Co., erhältlich.

Man muss allerdings beachten, dass die darüber hinausgehenden Leistungen eines Verlages wie Lektorat, Gestaltung von Buch und Umschlag, aber auch eine aktive Vermarktung dabei nicht erbracht werden. Letztlich ist man für die Bereitstellung eines druckfertigen pdf-Dokumentes selbst verantwortlich und muss alle dafür nötigen Tätigkeiten selbst durchführen. Der Verlag stellt hierzu entsprechende Formatvorlagen und Anleitungen zur Verfügung. Das entstandene Dokument wird dann aber ohne nochmalige Durchsicht, Korrektur oder Überarbeitung so gedruckt, wie über das Internet hochgeladen.

Dafür verrechnet der von mir ausgewählte Anbieter tredition z.B. für die Veröffentlichung nur einmalig ca. 150 Euro. Bei einer Erstbestellung von mindestens 35 Eigenexemplaren zum Sonderpreis für Eigenbestellungen entfällt auch diese Pauschale.

Das Ganze ist somit ein finanziell durchaus über-schaubares und risikofreies Vorhaben und kann ohne Gespräche, Verhandlungen und Telefonate, die für mich ja ein Problem dargestellt hätten, völlig selbständig über das Internet organisiert werden.

Kleidung

Meine Geschichte

(Phase 0) Keine Beeinträchtigungen bei der Kleidung.

(Phase 1 – ab 02.2011) Da die Feinmotorik der Hände ziemlich schnell schlechter geworden ist, bereiteten verschiedene Handgriffe beim An- und Ausziehen zunehmend Schwierigkeiten. Schwieriger und irgendwann unmöglich war z.b. das Öffnen und Schließen von Knöpfen, Reißverschlüssen und Gürtelschnallen

(Phase 2 – ab 01.2014) Mit Verlust der Fähigkeit, selbst laufen und stehen zu können, änderte sich auch die Anforderung an die Kleidung. Gesucht waren praktische Lösungen, die Kleidung möglichst einfach im Bett, im Rollstuhl bzw. bei Transfers an- und ausziehen zu können – vor allem auch von nur einer Pflegeperson mit nur zwei Händen.

Hilfsmittel

Viele der beschriebenen Hilfsmittel sind das Ergebnis von Kreativität und Internet-Recherchen.

Schlupfhosen

Es gibt für die in Phase 1 auftretenden Einschrän-kungen im Versandhandel Schlupfhosen mit ei-nem elastischen Gummibund, die man ohne Reiß-verschlüsse, Knöpfe und Gürtel auch ohne Fein-motorik in den Händen selbständig an- und aus-ziehen kann. Dabei gibt es auch Modelle, die so ge-arbeitet sind, dass man praktisch keinerlei Unter-schied zu einer „normalen" Jeans oder Stoffhose erkennen kann.

Aufgeschnittene Shirts

Spätestens ab Phase 2 und erst recht mit Anlage ei-ner Trachealkanüle, die beim Anziehen grundsätz-lich irgendwie immer im Weg ist, habe ich mir überlegt, dass es ja nicht immer nötig ist, ein nor-males Shirt anzuziehen. Wenn ich das Haus nicht verlasse, dann lasse ich mir Shirts anziehen, die mir meine Schwiegermutter am Rücken der Länge nach aufgeschnitten hat. Mit angenähten Bänd-chen lassen sich diese am Hals zusammenbinden – vergleichbar mit dem, was man als „Flügelhem-den" kennt. Im Gegensatz zu „Flügelhemden" se-hen diese jedoch auf den ersten Blick wie ganz nor-male Kleidungsstücke aus – schließlich habe ich ja auch Shirts genommen, die ich vorher auch ganz normal getragen hatte.

Auf die gleiche Weise habe ich mir auch meine Schlafanzug-Oberteile bzw. Nachthemden umarbeiten lassen und erspare mir und meinen Pflegekräften auch hier das „Über-den-Kopf-Ziehen".

Oberbekleidung

Für unterwegs nutze ich ganz normale Poloshirts und gelegentlich Hemden oder Pullover. Es hat sich jedoch als zweckmäßig herausgestellt z.B. Poloshirts 1-2 Nummern größer zu wählen. Wenn man im Rollstuhl sitzt kommt es auf eine optimale „Passform" nicht wirklich an, aber das An- und Ausziehen ist um einiges angenehmer und leichter als bei Shirts in der eigentlich „richtigen" Größe.

Reißverschluss-Hosen

Ab Phase 2 ändert sich die Aufgabenstellung etwas. Um das An- und Ausziehen auch beim Transfer zu ermöglichen und auch tagsüber Zugriff auf den Intimbereich zu haben, um z.B. eine Urinflasche anzulegen oder auch den Sitz des Urinalkondoms zu überprüfen, verwende ich Hosen, die an der Außenseite der Beine in voller Länge Reißverschlüsse haben. Bei Bedarf kann man die Reißverschlüsse von oben etwas öffnen und das Vorderteil der Hose praktisch nach vorne wegklappen. Beim Umsetzen z.B. vom Toilettenstuhl in den Pflege-

rollstuhl kann man die Hose mit geöffneten Reißverschlüssen schon vorher in den Rollstuhl einle-
gen, so dass ich mich beim Transfer einfach rein-
setzen kann. Anschließend können die Beine in die
Hose eingefädelt und durch Schließen der Reißverschlüsse richtig „angezogen" werden, ohne
dass ich meine Sitzposition ändern muss.

Einlagen

Statt Unterhosen verwende ich Einlagen (Fabrikat:
Tena-flex), für die prinzipiell die gleichen Vorteile
gelten wie für die Hosen mit seitlichen Reißverschlüssen. Die von mir verwendeten Einlagen
habe einen „Bauchgurt" und Klettverschlüsse, so
dass man sie öffnen und schließen kann, ohne sie
wie normale Unterhosen oder Pants aus- und anziehen zu müssen.

Ponchos

Wenn man Jacken anziehen möchte, dann hat man
immer die Schwierigkeit, dass man in beide Ärmel
hineinschlupfen muss und außerdem die Jacke am
Rücken nach unten ziehen muss. Mit Armen, die
nicht funktionieren, und vor allem, wenn man im
Rollstuhl sitzt und nicht eben mal kurz aufstehen
kann, ist das beliebig schwierig bzw. alleine unmöglich. Meine Lösung dafür war, statt Jacken
schöne große Ponchos zu verwenden. Diese

braucht man nur über den Kopf zu werfen bzw. auch nur als Decke über sich zu legen und spart sich das Problem mit den Armen.

Rollstuhljacke

Für den Winter, wenn Ponchos doch nicht genügen, habe ich eine spezielle Rollstuhljacke, die so gearbeitet ist, dass sie auch im Rollstuhl sitzend angezogen werden kann. Diese Jacke hat am Rücken einen Reißverschluss, den man zum Anziehen öffnen und dann hinter der Lehne schließen kann. Auch die Ärmel haben Reißverschlüsse, die einem das Verrenken der Arme ersparen – ein geniales Teil.

Decke für Rollstuhl

Für die Beine hatte ich ursprünglich eine Wickeldecke, die allerdings den Nachteil hatte, dass man sich auf sie setzen muss und sie nicht einfach anziehen kann. Auch Schlupf- bzw. Fußsäcke haben diesen Nachteil. Die Lösung war eine Rollstuhldecke, die einfach von vorne auf die Beine gelegt wird und die man mit Gurten um die Beine und in Bauchhöhe um den Rollstuhl herum befestigen kann. *(Quelle: eBay)*

Handschuhe

Auch das Anziehen von Handschuhen kann schwierig sein, wenn man nicht selbst mit den Händen und Fingern helfen kann. Eine geniale Lösung sind Handschuhe, die vorne über die Finger eine Kappe haben, die man auch abklappen kann. Gedacht sind sie eigentlich dafür, dass man bei Bedarf auch etwas mit den Fingern machen kann, ohne die Handschuhe auszuziehen.

In meinem Fall ist der große Vorteil, dass die Pflegeperson durch diese Öffnung die Finger greifen und durch den Handschuh ziehen kann und sich so das Problem mit hängengebliebenen Fingern nicht ergibt.

Empfehlenswert ist, die Handschuhe 1-2 Nummern größer zu kaufen, das erleichtert das Anziehen sehr.

(Quelle: Textil-Verkaufsstand auf der Kirchweih)

„Entsorgung"

Die menschlichen „Bedürfnisse" entwickeln sich im Verlauf der Erkrankung immer mehr zum Problem – obwohl weder Blase noch Darm von der ALS direkt betroffenen sind. Im Wesentlichen sind es die Funktionen von Händen und Beinen, die man zum Toilettengang dringend bräuchte. Man muss sich also auch hier etwas einfallen lassen, dass die „Entsorgung" funktioniert, nicht zu sehr nervt und einen in seinen Aktivitäten möglichst wenig einschränkt.

Meine Geschichte

(Phase 0) Keine Einschränkungen.

(Phase 1 – ab 05.2013) Die Funktion der Hände eingeschränkt, so dass ein selbständiger Toilettengang nur mit Hilfsmitteln (Schlupfhosen und Dusch-WC) möglich war.

(Phase 2 – ab 07.2014) Toilettengang nur mit Hilfe beim Transfer, sowieso beim Aus- und wieder Anziehen möglich. Verwendung von Urinalkondomen.

(Phase 3 – ab 04.2016) Nutzung von Toilettenstuhl.

Hilfsmittel

Dusch-WC

Mein eigentlich erstes „richtiges" Hilfsmittel, das mir von der Ergotherapeutin während meines Reha-Aufenthalts in Bad Sooden-Allendorf empfohlen und verordnet wurde, war ein Dusch-WC. Dieser Ersatz für eine normale Klobrille führt – gesteuert über eine Fernbedienung – die „Unterbodenwäsche" nach dem Toilettengang selbständiger durch, so dass man dazu keine Hände benötigt. Solange man mit den Händen noch den Taster der Fernbedienung betätigen und die Hose aus- und wieder anziehen kann, ist damit ein selbständiger Toilettengang wesentlich länger ohne Hilfe möglich. Wenn das Aus- und Anziehen, die Bedienung der Fernbedienung bzw. auch der Transfer ohne Hilfe nicht mehr möglich sind, dann ist die Reinigung sowohl für den Patienten als auch für die Pflegekräfte trotzdem noch wesentlich angenehmer.

Diese Toilettenaufsätze gibt es im „freien" Handel z.B. von japanischen Herstellern, da diese Toilettenausrüstung in Japan eine Selbstverständlichkeit ist. Ein Komfortmodell mit Warmwasserbereitung, Sitzflächenheizung, Fön, Geruchsfilter, automatischem Öffnen und Schließen des Deckels und sogar mit nächtlicher Beleuchtung gibt es im Internet für ca. 750 Euro. Dazu kommen dann noch die

Kosten – sofern nicht vorhanden – für einen Strom- und Kaltwasseranschluss an der Toilette. Ein Gerät aus europäischer Fertigung, das eine Hilfsmittelnummer hat, kostet natürlich schon eher um die 2.000 Euro – ist dafür aber verschreibungsfähig. Inzwischen sind derartige Aufsätze bzw. komplette Toiletten auch von den führenden deutschen Sanitär-Anbietern in ihr Programm aufgenommen – jedoch eher als Luxus-Varianten für jedermann und nicht als Hilfsmittel.

Ich hatte dieses Dusch-WC für einige Jahre benutzt – so lange, bis ich nicht mehr stabil sitzen konnte, daher ein normaler Toilettengang auch mit Hilfe nicht mehr möglich war und ich auf die Nutzung eines Toilettenstuhls gewechselt habe.

Herstellerinformation (Beispiel): www.dusch-wc.com/produkte/uebersicht-modelle/ www.lebensgerechtes-wohnen.de/ueber-uns/mitglieder/montafon-dusch-wc-arnsberg.html

Toilettenstuhl

Seit dem Moment, in dem meine Stabilität in Oberkörper und Nacken nicht mehr so groß war, dass ich frei sitzen konnte, nutze ich einen kombinierten Dusch- und Toilettenstuhl. Hier sollte darauf geachtet werden, dass ein solcher Stuhl mit einer Kopfstütze ausgestattet ist und die Sitzposition variabel eingestellt werden, d.h. dass der Stuhl auch nach hinten gekantelt werden kann. Eine einfache Verstellmöglichkeit der Rückenlehne genügt nach meiner Erfahrung nicht, da eine stabile Sitzhaltung nur erreicht wird, wenn auch die Sitzfläche mit nach hinten geneigt wird. Es passiert mir ziemlich oft, dass sich bei einem Hustenanfall mein Körper reflexartig streckt – dabei würde ich bei einem nicht nach hinten gekantelten Stuhl nach vorne aus dem Stuhl rutschen.

Hersteller-Information (Beispiel):
www.invacare.de/de/aquatec-ocean-vip-ma-70ocevde

Urinalkondome

Ein weiteres Problem, das sich einem stellt, ist, dass man nicht kann, wenn man müsste, da – vor allem auch unterwegs – keine geeignete Toilette vorhanden ist, die man kurzfristig aufsuchen könnte, oder ein Toilettenbesuch wegen der körperlichen Situation einfach nicht mehr möglich ist. Eine Lösung für dieses Problem ist – zumindest für Männer – die Benutzung eines „Urinalkondoms" in Verbindung mit einem ausreichend großen Beinbeutel. Diesen Beinbeutel kann man bei Bedarf auch unterwegs entleeren, z.B. auf einer Rollstuhl-Toilette, ohne aufstehen, transferieren oder irgendwas an der Kleidung manipulieren zu müssen – und zwar dann, wenn sich eine Möglichkeit bietet und nicht, wenn man gerade muss.

Derartige Urinalkondome, die übrigens verschreibungsfähig sind, werden von verschiedenen Herstellern angeboten (z.B. Manfred Sauer, Coloplast, Hollister, Braun u.a.). Die Auswahl eines geeigneten Typs und passender Größe ist natürlich individuell. Am besten man informiert sich auf den Internet-Seiten der Hersteller und lässt sich kostenlose Muster schicken. Die beste Beschreibung der Versorgung an sich und des korrekten Anlegens habe ich in der „Schulungsmappe" gefunden, die die Fa. Manfred Sauer auf ihrer Internet-Seite zum Download anbietet.

Für mich ist die Verwendung dieses Hilfsmittels alternativlos, da es für mich einen großen Einfluss auf die Lebensqualität hat, so dass ich mir um dieses Problem bei meiner Tagesplanung keine Gedanken machen muss.

Herstellerinformationen (Beispiele):
www.manfred-sauer.com
www.coloplast.de
www.hollister.de
www.bbraun.de

Mobile Urinflasche zum Mitnehmen

Während man zu Hause bei Bedarf eine Urinflasche anlegen kann, ist eine Urinflasche ziemlich ungeeignet, um sie unterwegs mitzunehmen. Für den Einsatz unterwegs – z.B. auch zum Ausleeren des Beinbeutels, wenn man nicht mit seinem Bein über eine Toilette fahren kann – habe ich eine mobile Urinflasche bzw. eigentlich eher einen Beutel gefunden. Leer kann man sie zusammenlegen, so dass der Platzbedarf im Rucksack oder Rollstuhl minimal ist und so auch „zur Sicherheit" immer dabei sein kann.

Quellen: Amazon – Suchbegriff: Uribag Reise-Harnflasche für Herren, Preis ca. 30 €

Schlüssel für Behinderten-Toiletten

Sehr hilfreich ist – wenn man sie unterwegs benutzen müsste – ein Schlüssel für die Behindertentoiletten in Europa. Die meisten öffentlichen Behindertentoiletten in Europa – z.B. auf Bahnhöfen, Autobahnrastplätzen oder sonst im öffentlichen Raum, sind mit einem einheitlichen Schloss ausgerüstet. Den Schlüssel dafür kann man sich unter der unten genannten Internet-Adresse gegen Einsendung einer Kopie seines Behinderten-Ausweises bestellen. Dort bekommt man auch Informationen über die Lage der Behindertentoiletten, die u.U. ganz hilfreich sein können. Neben der Tatsache, dass die Behindertentoiletten natürlich größer und mit z.B. Haltegriffen ausgestattet sind, ist durch die Beschränkung auf einen begrenzten Personenkreis das Risiko verringert, dass die Einrichtungen verschmutzt oder mutwillig beschädigt sind – was bei öffentlichen Toiletten sonst ja oft ein Problem darstellt.

Information und Bestellung unter:
www.cbf-da.de/euro-wc-schluessel.html

Pflege

Infolge des fortschreitenden Muskelabbaus ist es irgendwann wahrscheinlich, dass in den unterschiedlichen Alltagssituationen Unterstützung bzw. Pflege von anderen erforderlich ist. Besonders ab dem Moment, in dem der Patient über eine Trachealkanüle vollbeatmet wird, ist eine 24-Stunden-Pflege nötig, da es jederzeit z.B. zu einer Sekretansammlung im Bereich der Trachealkanüle kommen kann und ein sofortiges Absaugen erforderlich ist um die ausreichende Sauerstoffversorgung sicherzustellen.

Diese „Beatmungspflege" rund um die Uhr ist übrigens eine Leistung der Krankenkasse gemäß SGB 5 und nicht der Pflegeversicherung.

Irgendwie ist jedoch ein ALS-Patient nicht wirklich ein „normaler" Pflegefall. Ich habe die verschiedensten Verhaltensmuster von Pflegepersonal – wie auch von anderen Personen – kennen gelernt, die teilweise schon etwas zum Schmunzeln anregen und zeigen, dass vielen Leuten grundlegende Informationen über diese Krankheit fehlen.

Es ist schon fast Standard, dass jeder, der zum ersten Mal mit mir zu tun hat, nicht berücksichtigt, dass es sich bei der ALS um eine Muskelerkrankung handelt und z.B. das Hören völlig ohne Beteiligung irgendwelcher Muskeln funktioniert.

Anders ist nicht zu erklären, warum viele Leute ihre Stimme heben, wenn sie mit mir sprechen – mich manchmal sogar regelrecht anschreien. Die Art, mit mir zu sprechen, hat manchmal etwas von der Sprache, mit der man mit Kleinkindern oder schon senilen oder dementen hochbetagten Senioren spricht. Auch hier fehlt wohl das Bewusstsein, dass auch das Gehirn kein potentiell von ALS betroffener Muskel ist und völlig normal funktioniert.

Es geht also wirklich „nur" darum, die körperlichen Einschränkungen zu kompensieren, und ansonsten so mit mir umzugehen wie mit einem ganz „normalen" Menschen.

Meine Geschichte

(Phase 0) Keine Unterstützung und Pflege nötig.

(Phase 1 – ab 10.2012) gelegentliche Unterstützung bei bestimmten Aufgaben, wie z.B. dem Kleinschneiden von Mahlzeiten.

(Phase 2 – ab 12.2013) regelmäßige Unterstützung durch einen Pflegedienst bei der morgendlichen Grundpflege.

(Phase 3 – ab 03.2014) Unterstützung und Hilfe bei allen Tätigkeiten, für die man die Hände benötigt, wie Eingabe der Nahrung, Handling der Beatmungsmaske usw. Hilfe beim Transfer.

(Phase 4 – ab 09.2014) Ernährung über die PEG-Sonde

(Phase 5 – ab 10.2015) Beatmungspflege wegen der invasiven Beatmung über eine Trachealkanüle.

Hilfsmittel

Neben den Hilfsmitteln, die ich zur Kompensation von Schwierigkeiten bei bestimmten Tätigkeiten im Alltag an anderer Stelle beschrieben habe, hier noch einige Hilfsmittel, die sich überwiegend auf die Pflege an sich beziehen.

Pflegeruf

Das Thema Pflegeruf hat natürlich eine besondere Bedeutung, seit ich mich wegen der TK-Versorgung nicht mehr akustisch bemerkbar machen kann.

Für den Pflegeruf habe ich ein „Schwesternruf-System" der Fa. Eldat in Verwendung – Komponenten, die auch mit meiner Umfeldsteuerung kompatibel sind, so dass ich den Ruf auch über den Kommunikations-PC auslösen kann. Das System besteht bei mir aus Funk-Empfängern, die man in Steckdosen im Empfangsbereich der Sender (größer als 50 m) einstecken kann, und verschiedenen Sendern. So hatte ich anfangs einen

Sender, der wie eine Armbanduhr getragen werden kann. Als ich diesen nicht mehr mit den Händen bedienen konnte, habe ich ihn so am Rollstuhl montieren lassen, dass ich ihn jetzt mit meinem Knie bedienen kann. Zusätzlich habe ich am Fußteil meines Bettes drei Sender, die ich in den verschiedenen Lagerungspositionen mit den Füßen erreichen kann.

Ergänzend habe ich im Pflegezimmer den bereits im Kapitel „Atmen" beschriebenen Fernalarm meines Beatmungsgerätes montiert. Zudem leistet ein Babyphon wertvolle Dienste, da es einen mobilen Empfänger hat und so auch benutzt werden kann, wenn die Pflegeperson gerade nicht im Pflegezimmer ist und den Steckdosenempfänger nicht mitnehmen kann

Informationen: Eldat-System z.B. Amazon-Artikel: Pflegeruf-Set / Hausnotruf / Senioren-Hausalarm mit Funk-Armbandsender von ELDAT Easywave Funktechnik

Babyphone: z.B. Amazon-Artikel: ANSMANN 1800-0025 Sydney DECT Babyphone strahlungsfrei zur optimalen Funkübertragung

Pflegebett

Ab einem gewissen Zeitpunkt ist es sinnvoll und praktisch, irgendwann auch unumgänglich, sich ein elektrisch verstellbares Pflegebett verordnen zu lassen. Damit können die Pflegepersonen das Bett individuell auf ihre „Arbeitshöhe" anpassen und z.B. auch die Höhe für einen optimalen Transfer aus dem bzw. ins Bett einstellen. Wenn man es sich selbst im Bett gemütlich machen möchte, dann ist auch die Verstellmöglichkeit von Fuß- und Kopfteil zweckmäßig.

An die Steuerung meines Bettes habe ich mir eine Infrarot-Fernbedienung anbauen lassen, so dass ich die Positionen des Bettes auch von meinem Kommunikations-PC über die Umfeldsteuerung ändern kann.

Quelle: entsprechende Reha-Versorger

Rutschmatte im Bett

Wenn das Kopfteil verstellt wird, während ich darin liege, dann habe ich die Erfahrung gemacht, dass beim Hochfahren des Kopfteiles der Rücken auf dem Bett nach oben geschoben werden möchte, das allerdings nicht kann, da der Oberkörper auf dem Betttuch nicht rutscht. Die Konsequenz ist, dass sich die Haut auf dem Rücken und bzw. oder das Oberteil der Kleidung unangenehm verschiebt. Zusätzlich „bremst" das rutschfest auf dem Kopfteil liegende Kissen noch zusätzlich, so dass sich eine sehr unbequeme Situation ergibt.

Diese konnte ich eigentlich nur dadurch „entspannen", dass ich mich von der Pflegeperson kurz aufrichten und wieder richtig hinlegen habe lassen.

Dies Problem habe ich dadurch gelöst, dass ich mir unter Rücken und Kopfkissen eine „Rutschmatte" unterlege, die praktisch wie eine „dynamische Rückenlehne" beim Rollstuhl wirkt. Die Lage des Rückens und des Kissens kann dadurch ohne nennenswerten Widerstand nach oben und unten gleiten und eine unangenehme Verschiebung des Oberkörpers gegenüber der Unterlage tritt nicht auf. Eine Warnung: Diese „Rutschmatten" – wie der Name schon sagt – rutschen in sich, so dass keine feste Verbindung mehr zur Unterlage besteht. Dessen sollte man sich bewusst sein, wenn man solche Matten verwendet. Für den geschilderten Zweck also nur eine kleine Matte nehmen, die nur unter Kopfkissen und Oberkörper liegt – dann liegt der Körper immer noch zum großen Teil stabil im Bett. Wenn man jedoch den ganzen Körper auf eine Rutschmatte legt, muss man sehr vorsichtig sein. Man kann dann als Pflegekraft den Patienten zwar ziemlich leicht hin- und herschieben, man kann ihn jedoch auch „mit einem Finger" aus dem Bett schieben, ohne dass dieser auch nur die geringste Chance hat, sich irgendwo zu stabilisieren.

Quelle: Reha-Versorger.
Informationen auch bei Amazon z.B. unter Suchwort:
Multi-Mover Basic Gleitlaken

Patientenlifter

Sobald es nicht mehr möglich ist, einen Transfer
von Bett zu Rollstuhl bzw. von Rollstuhl zu Rollstuhl „über den Stand" sicher durchzuführen,
muss man einen Patientenlifter verwenden. Bei
dessen Verordnung sollte man berücksichtigen,
dass ein normales Liftertuch – also das Tuch, in
das der Patient gesetzt und nach oben gezogen
wird – für ALS-Patienten nur so lange geeignet ist,
solange genügend Stabilität in Oberkörper und
Nacken vorhanden ist, um den Kopf sicher halten
zu können. Wenn das nicht mehr funktioniert,
dann braucht man ein Tuch, das ein integriertes
Kopfteil hat, so dass ein unkontrolliertes Zurück-
fallen des Kopfes ausgeschlossen ist.

Quelle: Reha-Versorger. Information z.B.
www.invacare.de/de/invacare-birdie-ma-65birde.

Transfer-Drehscheibe

Ich kann mich immer noch „über den Stand" vom
Bett in den Rollstuhl und von Rollstuhl zu Rollstuhl transferieren lassen. Dieser Vorgang ist meist
einfacher und ein „Verknoten der Beine" bei der

Drehung wird vermieden, wenn man z.B. die beiden Rollstühle im Winkel von 90 Grad zueinander angeordnet positioniert und die Füße auf eine Drehscheibe stellt.

Quelle: Amazon –
Suchbegriff: Drehscheibe zum leichten Umsetzen der Patienten bis 125 kg - Umsetzhilfe

Kinnstütze

Zur Stabilisierung des Kopfes wird vielfach eine Halskrause eingesetzt, was ich jedoch immer als große Einschränkung und – besonders nach der TK-Anlage – als unangenehm empfunden habe. Über meinen Versorger habe ich als Alternative eine Kinnstütze empfohlen bekommen – ein einfacher Metallbügel mit einer Stoffbespannung, der von vorne an den Hals angelegt und mit einem Band um den Nacken befestigt wird. Das Kinn liegt dann auf der Stoffbespannung und so wird vermieden, dass der Kopf nach vorne fällt.

Information: Reha-Versorger

Tipps und Strategien

Auch bei den Hilfsmitteln ist Kreativität gefragt – entscheidend ist wie immer die individuelle Situation des Patienten.

Man kann sich das Leben auch erleichtern, indem man möglicherweise einfach nur Gewohnheiten ändert. Bei mir waren das z.B. die Verwendung eines Elektro-Rasierapparates, nachdem ich den Nassrasierer nicht mehr vernünftig durch mein Gesicht lenken konnte, oder auch der Umstieg von Kontaktlinsen auf eine Brille, sobald die schwindende feinmotorische Funktion der Hände es unmöglich gemacht hatte, die Kontaktlinsen einzusetzen und wieder aus dem Auge zu entfernen.

Auch wenn es noch nicht erforderlich erscheint, einen Patientenlifter zu verwenden, sollte man sich doch rechtzeitig um eine Verordnung kümmern. Ich habe die Erfahrung gemacht, dass es durchaus Situationen gibt, in denen mein Pflegepersonal und ich gerne auf den Lifter zurückgegriffen haben und die ohne Lifter wohl zum Problem geworden wären. Hin und wieder fehlen mir bei gesundheitlichen Problemen doch die Kräfte in den Beinen. Das Gleiche kann natürlich auch der Pflegeperson passieren oder der Transfer muss von jemandem durchgeführt werden, der entweder nicht die Übung, die Technik oder auch die Kraft für einen normalen Transfer hat.

Ein Problem auch bei der Pflege ist die eingeschränkte Kommunikation. Gerade während Pflegeaktivitäten hat man eher selten den Kommunikations-PC bereit und kann sich nur mit Ja/Nein-Antworten äußern bzw. morsen. Man kann somit weder beschreiben, was man wie möchte, noch eine Rückmeldung zu der Durchführung der Pflegeaktivitäten geben. Dieses Problem ist eigentlich nicht zufriedenstellend lösbar – ich habe stattdessen eine ausführliche „Bedienungsanleitung für mich" geschrieben.

In diesem „Pflege-ABC" habe ich alle wichtigen Informationen zusammengestellt, die die Pflegekraft haben sollte, um „in meinem Sinne" die alltäglichen Aufgaben auszuführen. Eine solche Anleitung habe ich zum einen für die normale Pflege, aber auch für die Themen „Mit dem Rollstuhl unterwegs" als auch für die Bedienung des Sprachcomputers und des Tablets geschrieben.

Nun ist das Aufnehmen und Abspeichern von gelesenen Informationen nicht für jeden die ideale Lösung und ich denke mir manchmal, wenn irgendwas anders durchgeführt wird als beschrieben, warum ich mir die Mühe überhaupt gemacht habe, wenn ich in einer konkreten Situation dann doch etwas mühsam mit den Augen vermitteln muss. Eine Basis ist jedoch immer vorhanden, von den meisten bekomme ich doch positive Rückmeldungen zu diesen Zusammenstellungen und es ist nicht bei jedem neuen Pfleger nötig, alles wieder komplett neu zu vermitteln.

Reha-Maßnahmen und Therapien

Mit Reha-Maßnahmen und Therapien verhält es sich wie mit Medikamenten auch, man weiß nie, wie es gewesen wäre, wenn man sie nicht oder in einer anderen Form gemacht hätte. So gesehen ist es auch schwer, Empfehlungen zu geben. Ich kann nur beschreiben, was ich selbst gemacht habe, und meinen subjektiven Eindruck wiedergeben, ob es etwas bewirkt hat.

Stationäre Reha-Maßnahmen

Insgesamt habe ich drei stationäre Reha-Maßnahmen durchgeführt. Unmittelbar nach der Diagnose 2010 war ich für 5 Wochen in der Kiliani-Klinik in Bad Windsheim, 2013 für 5 Wochen in der Klinik Hoher Meißner in Bad Sooden-Allendorf und 2014 für 4 Wochen in der Weserberglandklinik in Höxter.

Die erste Reha – eine sogenannte Anschlussheilbehandlung nach dem Krankenhausaufenthalt, bei der die Diagnose gestellt wurde – hat für die ALS-Erkrankung selbst nicht viel gebracht, da ich zu dieser Zeit ja praktisch noch keine wesentlichen Symptome hatte, die man behandeln konnte. Die Zielsetzung war eher, dass ich mich in Ruhe mit der Situation auseinandersetzen und etwas für meinen Körper tun sollte. Auf jeden Fall war der

Aufenthalt für grobe Weichenstellungen sehr gut – Themen wie arbeitsrechtliche Fragen, Schwerbehindertenausweis usw. konnte ich mit dem Sozialdienst der Klinik detailliert abklären und einen Weg zunächst über die vorläufige Rückkehr zum Berufsleben im Rahmen einer „stufenweisen Wiedereingliederung" vorbereiten. Auch wichtige Informationen über Themen wie z.B. Patientenverfügungen und Vorsorgevollmachten sowie auch ein erster Kontakt mit der DGM, der Deutschen Gesellschaft für Muskelkranke, waren für mich sehr wichtig. Und dann tut jedem ein mehrwöchiger Aufenthalt mit medizinischen Anwendungen, Entspannung und sportlichen Aktivitäten gut.

Der zweite Aufenthalt in der Klinik Hoher Meißner wurde von der Kranken- und Rentenversicherung initiiert – im Wesentlichen um festzustellen, ob ich durch die Reha-Maßnahme so weit wiederhergestellt werden kann, um wieder ins Arbeitsleben einzusteigen. So gesehen war der Abschlussbericht des Klinik-Arztes – ohne dass irgendeine Stelle noch darüber hinausgehende Untersuchungen oder Gutachten gefordert hatte – maßgebliche Basis für den Antrag auf Erwerbsunfähigkeitsrente, aber auch für die Beantragung der Pflegestufe, Leistungen aus der privaten Berufsunfähigkeitsversicherung und die Neueinstufung beim Schwerbehindertenausweis. Dieser Aufenthalt war allerdings auch medizinisch sehr wertvoll – Krankengymnastik, Ergotherapie mit Hilfsmittelberatung, Logopädie, Wassergymnastik und andere sportliche Aktivitäten standen auf dem Programm – ausgerichtet auf das Krankheitsbild der ALS. Nicht zuletzt ergaben sich in der Klinik, die eine der führenden Kliniken in Deutschland für neuromuskuläre Erkrankungen ist, in Gesprächskreisen oder abends bei einem Glas Wein oder Bier auch wertvolle Austauschmöglichkeiten mit anderen ALS-Patienten.

Bei diesem Aufenthalt war ich auch noch nicht sehr eingeschränkt, so dass ich noch selbständig zu Fuß bzw. mit Hilfe eines Trekking-Steckens Ausflüge, Thermen-Besuche und auch mal Restaurant-Besuche als Abwechslung zum eigentlich sehr guten Klinikmenü unternehmen konnte. Alles in allem war dieser Aufenthalt ein absoluter Erfolg und ich verstehe, dass es ALS-Patienten mit einem sehr langsamen Verlauf gibt, die jährlich einen Aufenthalt in Bad Sooden-Allendorf planen.

Schon etwas anders war mein Aufenthalt in Höxter. Die medizinische und therapeutische Betreuung war zwar auch sehr gut und auf ALS-Patienten ausgerichtet, aber der äußere Rahmen war für mich nicht mit der Klinik Hoher Meißner zu vergleichen. Zum einen sieht man der Klinik an, dass sie eigentlich als Krankenhaus gebaut wurde, und ich habe eine „Wohnzimmer-Atmosphäre" vermisst, wie ich sie in der Klinik Hoher Meißner erlebt habe und die den Austausch mit anderen Patienten gefördert hatte.

Zum anderen war ich bei diesem Aufenthalt schon erheblich körperlich eingeschränkt, so dass ich praktisch keine selbständigen Aktivitäten mehr unternehmen konnte. Die einzige „Freiheit", die ich hatte, war die Möglichkeit, alleine und selbständig mit meinem Elektro-Rollstuhl durch die Gegend zu fahren. Dies habe ich dann auch ausgiebig getan, so dass ich in den 4 Wochen knapp 250 km zurückgelegt habe und – so habe ich den Eindruck – praktisch jeden halbwegs rollstuhlgeeigneten Weg abgefahren bin.

In meiner jetzigen Situation, denke ich, ergibt eine derartige stationäre Reha-Maßnahme für mich keinen Sinn mehr. Alle wichtigen Therapien werden bei mir zu Hause durchgeführt, und „sprachlos", wie ich bin, ist eine 24-Stunden-Pflege durch mir vertraute Personen wesentlich sicherer und angenehmer, als mich für mehrere Wochen in die Obhut eines mir unbekannten Pflegeteams zu begeben. Der „Freizeit- und Informationswert" wäre aufgrund der Einschränkungen und der umständlichen Kommunikation sowieso nicht mehr vergleichbar.

Die entsprechenden Therapien führe ich bis heute fort – solange es mir noch möglich war ambulant

in entsprechenden Praxen, danach als Hausbe-
such. Hausbesuche kann übrigens der Arzt verordnen, indem er es auf dem Rezept ankreuzt – es
ist somit nicht nötig, sich hier die Praxisbesuche
„anzutun", sobald dies schwieriger wird.

Krankengymnastik

Die erste Krankengymnastik, die ich nach der
Reha in Bad Sooden-Allendorf begonnen habe,
konnte ich in einer Praxis durchführen, die Zugang zu einem Schwimmbad hatte, so dass ich mit
meinem Therapeuten ein paar Mal ins Wasser gegangen bin. Dadurch, dass die Bewegungen im
Wasser leichter sind und der Körper durch den
Auftrieb unterstützt wird, war dies eine ideale Variante zu „normaler" Krankengymnastik.

Ab dem Moment, in dem die Bewegungsein-
schränkungen so groß wurden, dass ich nicht
mehr laufen konnte, war diese Variante leider
nicht mehr möglich. Seitdem habe ich zweimal in
der Woche Krankengymnastik zu Hause. Die Aufgabenstellung ist das überwiegend passive Durch-
bewegen aller Gelenke, um Versteifungen und
Kontrakturen vorzubeugen. Auch mein Pfle-
geteam bewegt die Gelenke immer wieder ergänzend durch und ich denke, dass diese Übungen
der Grund dafür sind, dass ich mit meinen Gelen-
ken bisher keine nennenswerten Probleme habe.

Ergotherapie

Ergotherapie verfolgt ja eigentlich das Ziel, die Funktionsfähigkeit von Händen und Füßen zu bewahren, wiederherzustellen oder durch entsprechende Hilfsmittel evtl. Einschränkungen zu kompensieren.

Während der Reha-Maßnahme waren wichtige Themen die Informationen über Hilfsmittel, mit deren Hilfe die normalen Alltagstätigkeiten durchgeführt werden können. Das geht dabei vom Essen und Trinken, Rollstuhlberatung bis hin zu Hilfsmittel zur Computerbedienung usw. Auch die Anfertigung von Schienen für die Hand gehört zu diesem Bereich.

Anfangs, solange noch eine aktive Muskelarbeit möglich war, kann man diese leicht trainieren bzw. einer Verschlimmerung entgegenarbeiten, indem man z.B. in warmem Sand wühlt, Paraffinbäder für die Hände oder Greifübungen macht.

Wenn keine aktive Muskelbetätigung mehr möglich und auch nicht mehr wiederherzustellen ist, dann ist die Zielsetzung der Ergotherapie auch, zumindest die Beweglichkeit der Hände und Füße durch entsprechende passive Übungen zu bewahren.

Logopädie

Die Logopädin kümmert sich um den Bereich Gesichts- und Mundmotorik, Schluckvorgang und Sprechen. Solange noch eine Restfunktionalität der Mundmuskulatur gegeben war, habe ich mit meiner Logopädin hauptsächlich auch Sprach- und Schluckübungen gemacht. Inzwischen hat sich die Aufgabenstellung gewandelt und so aktiviert sie die Gesichts- und Mundmuskulatur durch Massagen, Dehnungsübungen und auch gezielte Stimulation der Mund- und Zungenmuskulatur durch Eis.

Lymphdrainage für die Beine

Seit ich nur noch im Rollstuhl sitze, hatte ich wiederholt Schwierigkeiten mit Flüssigkeit in den Beinen, was manchmal sogar zu Schmerzen geführt hat. Um dieses Problem zu beheben, bekomme ich zusätzlich zur Krankengymnastik manuelle Lymphdrainagen. Auch hier kann ich nicht sagen, wie es ohne Lymphdrainagen gegangen wäre – aber die Probleme sind seitdem nicht mehr aufgetreten und das ist die Hauptsache.

Wohnungssituation

Nach der Diagnose sollte man sich ziemlich schnell, pragmatisch und ehrlich – ggf. zusammen mit seiner Familie – Gedanken über seine individuelle Wohnsituation machen. Sicher ist das schwer, weil man hier ja eine Art „worst-case" betrachten muss, den man sich in der aktuellen Situation vermutlich gar nicht vorstellen möchte – es ist nur schlichtweg sinnvoll, das trotzdem zu tun.

Auch wenn die ALS einen nicht prognostizierbaren Verlauf hat und man auch nicht voraussagen kann, wie schnell sich welche Muskelgruppen „verabschieden", muss man doch davon ausgehen, dass man irgendwann voll pflegebedürftig ist und mit dem Rollstuhl unterwegs sein dürfte. Bzgl. der Wohnsituation gibt es langfristig nur folgende Szenarien, zwischen denen man sich letztlich entscheiden muss:

- Man wohnt idealerweise bereits in einer Wohnung, die vollständig rollstuhltauglich ist.

- Man möchte in seiner Wohnung bleiben und kann diese auch so umbauen, dass sie auf Dauer geeignet für eine Pflege zu Hause ist.

- Man stellt fest, dass ein Umbau der Wohnung nicht möglich oder finanziell nicht machbar ist. In diesem Fall muss man sich entscheiden, ob man sich eine rollstuhlgeeignete Wohnung sucht, in die man mit seiner Familie umzieht, oder sich dazu entschließt, sobald eine Pflege zu Hause nicht mehr funktioniert, in eine „Wohngruppe" oder ein Pflegeheim umzuziehen.

Diese Entscheidung muss letztlich jeder zusammen mit seiner Familie selbst treffen und es ist auch als Außenstehender nicht zu beurteilen, was „das Beste" ist. Ich möchte nur ein paar Gedankenanstöße aus meiner persönlichen Geschichte geben.

Ich habe mich dafür entschieden, mich nach Möglichkeit zu Hause pflegen zu lassen, da ich mich mir der Vorstellung, später in einem Pflegeheim oder in einer Wohngemeinschaft wohnen zu müssen, nicht wirklich anfreunden konnte. Aufgrund meiner Informationen und Erfahrungen, die ich im Laufe der Zeit gesammelt habe, muss ich im Nachhinein feststellen, dass diese Entscheidung für mich die einzig richtige war.

In einem Heim oder einer Wohngemeinschaft hätte ich aufgrund des Personalschlüssels praktisch nie die Möglichkeit, mit einem Pfleger all das zu unternehmen, was ich im Kapitel „Freizeitaktivitäten" beschrieben habe – von Urlaubsreisen mal ganz abgesehen. Hier bin ich auch meiner Familie unendlich dankbar, dass sie diesen Weg mit mir geht, obwohl alleine schon die Anwesenheit von Pflegepersonal „rund um die Uhr" für den Rest der Familie eine erhebliche Belastung darstellt.

Sollte man den Wunsch haben, sich den Rest seines Lebens zu Hause pflegen zu lassen – was letztlich auch für viele Jahre sein kann –, dann sollte man die bauliche Situation realistisch analysieren. Bei einer Pflege zu Hause sollten folgende Voraussetzungen entweder bereits gegeben oder realistisch und finanzierbar geschaffen werden können:

- Es sollte ein „Patientenzimmer" zur Verfügung stehen, in dem ein Pflegebett, das später möglicherweise erforderliche medizinische Equipment, wie z.B. Beatmungsgeräte, Absauggeräte, Lifter usw., sowie weitere Gerätschaften, wie Fernseher, Radio oder Computer, aufgestellt werden können. Die Möglichkeit, im Familien-Schlafzimmer zu schlafen, ist aus meiner Sicht unrealistisch, da insbesondere bei beatmeten Patienten auch nachts Tätigkeiten wie Absaugen, Umlagern usw. vom Pflegepersonal durchgeführt werden müssen und eine Nachtruhe für den Partner nicht möglich wäre.

- Es ist empfehlenswert, in der Nähe des Patienten ein Zimmer für das Pflegepersonal, das insbesondere bei beatmeten Patienten rund um die Uhr im Dienst ist, sowie auch für die Lagerung des erforderlichen Materials, wie Medikamente, Sondenkost, Zubehör für die medizinischen Geräte sowie sonstige Verbrauchsmaterialien, zur Verfügung zu haben.

- Die Wohnung bzw. zumindest der Bereich, in dem man sich aufhält, muss rollstuhlgeeignet sein, so dass man sich – auch mit einem etwas größerem Pflegerollstuhl – problemlos bewegen kann.

- Das Badezimmer sollte so sein, dass eine Körperpflege auch im Rollstuhl möglich ist. Idealerweise steht auch eine befahrbare Dusche zur Verfügung, so dass man anfangs noch ohne Stolperstellen selbständig – ggf. mit einem Duschhocker – duschen und sich später auch in einem Duschrollstuhl abduschen lassen kann.

Dabei sollte man die Realisierbarkeit all dieser Punkte vorab klären, denn es macht keinen Sinn, einzelne Maßnahmen mit einem nennenswerten – auch finanziellen – Aufwand durchzuführen, um dann später festzustellen, dass eine Pflege zu

Hause aufgrund der Nicht-Realisierbarkeit anderer Voraussetzungen doch nicht möglich ist.

Wenn die prinzipielle Machbarkeit geklärt ist, dann braucht man die einzelnen Maßnahmen nicht sofort zu realisieren. Besonders bei Umbauten, die für Vorbereitung und Planungen, Beantragung von Zuschüssen, Lieferzeit und der Ausführung mehr Zeit in Anspruch nehmen, sollte man sich aber auch nicht zu viel Zeit lassen. Da die ALS sich unterschiedlich schnell entwickelt, könnte man sonst mit der Maßnahme schon zu spät dran sein.

Meine Geschichte

In meinem Fall haben wir vorab geklärt, ob es eine Möglichkeit gibt, dass ich mit meinem Rollstuhl auch die im Dachgeschoss liegenden Bereiche der Wohnung erreichen kann, und ob die relevanten Räume auch mit dem Rollstuhl befahren werden können (Türbreite? Wendekreis des Rollstuhls?). Wir haben uns dafür einen entsprechenden Rollstuhl ausgeliehen und damit einfach ausprobiert, welche Schwachstellen es gibt. Bzgl. des erforderlichen Lifts und der Möglichkeit einer ebenerdigen Dusche haben wir Informationen gesammelt und uns von entsprechenden Fachfirmen beraten lassen.

Beispiele für Maßnahmen und Hilfsmittel

Hier beispielhaft die Beschreibung der Maßnahmen und Hilfsmittel, die Lösungen für Probleme in unserer Wohnung waren und mit denen mir ermöglicht wurde, mich zu Hause pflegen zu lassen.

Deckenlifter

Unsere Wohnung liegt im dritten Stock und im Dachgeschoss eines Mehrfamilienhauses und ist über einen Aufzug erreichbar. Zu überwinden war allerdings die Treppe innerhalb der Wohnung ins Dachgeschoss. Der Einbau eines üblichen Treppenlifts war dafür keine akzeptable Lösung, da die Montage baulich nicht möglich gewesen wäre – zudem ist ein Treppenlift für einen ALS-Patienten auch keine wirklich geeignete Lösung, da man auf einem Treppenlift aufrecht sitzen und den Kopf selbständig halten können muss. Eine bessere Lösung wäre ein Plattformlift gewesen, bei dem der Rollstuhl samt dem Patienten auf eine Plattform gefahren und auf der Plattform nach oben transportiert wird. Diese Variante würde allerdings sehr viel Platz benötigen, so dass ein Einbau bei uns nicht möglich gewesen wäre.

Als Ideallösung haben wir einen Rollstuhl-Hängelift gefunden, bei dem der Rollstuhl mit Gurten bzw. Ketten komplett eingehängt, bis fast unter die Decke angehoben und dann an einer an der

Decke befestigten Schiene über der Treppe schwebend nach oben gefahren wird. Die Vorteile liegen auf der Hand: Auf und neben der Treppe sind keinerlei Schienen montiert, nur an der Decke, wo sie niemanden stören. Außerdem erfolgt der Transport in dem für den Patienten jeweils geeigneten Rollstuhl, d.h. sofern nötig sicher mit Gurt, Kopfstütze und Stirnband. Wenn man noch gehen, aber nicht mehr sicher die Treppe steigen kann, dann kann man anfangs ein Sitztuch einhängen und so den Lift auch eine Zeit lang – bei mir waren das immerhin ein paar Monate – auch ohne Rollstuhl nutzen.

Für uns war das eine ideale Lösung. Wer sich für ein derartiges System interessiert, der kann sich im Internet auf den Seiten der Firma „Frankenlifte", die dieses System in meiner Region vertreibt, oder der schweizer Herstellerfirma „Högg" über die Details dieser Lösung informieren.

Informationen:
www.frankenlifte.de

Badausstattung

Die zweite Schwachstelle in unserer Wohnung war das Badezimmer. Die erhöhte Duschwanne war schon ohne stabilen Stand schwer zugänglich – von Rollstuhltauglichkeit ganz zu schwei-

gen. Wir haben sie daher gegen einen bodenglei-
chen „Duschbereich" mit einem Duschvorhang ersetzt, der im Vergleich zu fest installierten Dusch-
wänden eine optimale Flexibilität bietet.

Zum Festhalten haben wir ein System mit einer
umlaufenden Stange gewählt, in die sich auch ein
Klappsitz einhängen lässt – eine komfortable Lösung, die ich so lange genutzt habe, bis ich dann
nur noch mit dem Duschrollstuhl sicher geduscht
werden konnte.

Für die Warmwasserbereitung hat sich noch eine
zusätzliche Aufgabenstellung ergeben. Wenn sich,
aufgrund z.B. wechselnden Wasserdrucks, die
Temperatur schlagartig ändert, kann man normalerweise reagieren und sich „in Sicherheit bringen" – nicht so, wenn man sich nicht bewegen und
auch nicht mit den Händen das Wasser abstellen
kann. Um „Schockfrosten" oder Verbrühungen zu
vermeiden, ist es sinnvoll, durch Einsatz von entsprechenden Geräten die Temperatur verlässlich
zu begrenzen bzw. zu regeln. Eine Möglichkeit
sind Thermostat-Armaturen. Wir haben uns jedoch für einen temperaturgeregelten elektrischen
Durchlauferhitzer entschieden, der die gradge-
naue Vorwahl der Wassertemperatur ermöglicht
und so das Duschen zum angenehmen und siche-
ren Vergnügen macht.

Eine weitere Schwachstelle war, dass die Tür zu schmal war. Wir haben den Türausschnitt vergrößert und bei der Gelegenheit die normale Tür, die beim Befahren mit einem Rollstuhl eine gewisse Einschränkung bedeutet hätte, durch eine Schiebetür ersetzt.

Als Fußbodenfliesen haben wir besonders rutschhemmende Fließen verwendet – und damit war das Bad in einem Zustand, dass ich sicher sein kann, dass es für mich in allen Phasen meiner Erkrankung geeignet ist.

Haustechnik

Wir haben außerdem noch einige Details an der Haustechnik ergänzt – hauptsächlich um Empfänger und Komponenten, die eine Anbindung an die Umfeldsteuerung durch den Kommunikations-PC ermöglichen.

Anpassung Raumaufteilung

Die Raumaufteilung haben wir in der Form geändert, dass wir im ehemaligen Arbeitszimmer meine kleine, private „Intensivstation" eingerichtet haben, und als Zimmer für die Pflegekräfte das Kinderzimmer unseres inzwischen erwachsenen Sohnes verwenden, den wir dafür „ausquartiert" haben.

Hier ist vielleicht etwas Kreativität gefragt, aber es lohnt sich, um ein schönes und zweckmäßiges Umfeld für sein weiteres Leben zu schaffen.

Freizeitgestaltung

Sicher ist die Freizeitgestaltung durch die Erkrankung erheblich eingeschränkt – oder etwas positiver ausgedrückt: Man muss die Aktivitäten, die man trotz der ALS unternimmt, immer wieder an die körperliche Situation anpassen. Die Motivation – gerade in diesem Punkt – ist jedoch ein Schlüssel zur „Bewältigung" der Erkrankung, da gerade solche Aktivitäten letztlich Lebensqualität bedeuten. Wer hierzu keine Motivation entwickeln kann, der ist relativ schnell bei der Variante „im Bett liegen, Zwieback essen und aufs Sterben warten" (s. Vorwort).

Ich selbst war diesbezüglich bis ca. 3 Jahre nach der Diagnose praktisch noch nicht eingeschränkt und konnte die längere Freizeit im Krankenstand bzw. als Erwerbsunfähigkeitsrentner noch richtig genießen. Die erste wesentliche Einschränkung der persönlichen Freiheit war zweieinhalb Jahre nach der Diagnose der Moment, in dem ich erkennen musste, dass ich mit den schwächer werdenden Armen und Händen nicht mehr sicher autofahren konnte. Für mich als jemand, der Zeit seines Lebens ein sehr schlechter Beifahrer war, war das schon bitter.

Eher langsam ging dagegen der Wechsel vom Fußgänger zum Rollstuhlfahrer voran. Zunächst war der Rollstuhl bei längeren Aktivitäten, die letztlich für mich zu anstrengend werden konnten, zur Sicherheit dabei und wurde erst nach und nach ein vollständiger Ersatz für meine Beine.

Mein Tipp: Es gibt genügend Aktivitäten, die mit erheblichen Einschränkungen verbunden bzw. überhaupt nicht mehr möglich sind – also sollte man die Unternehmungen, die ohne größere Probleme durchführbar sind, auch wirklich engagiert angehen. Für mich bedeuten derartige Aktivitäten ein deutliches Plus an Lebensqualität.

Transport

Ein wesentlicher Aspekt bei allen Aktivitäten ist natürlich die Frage des Transportes.

Privates Kfz

Ideal ist natürlich, wenn man ein eigenes Kfz mit Rollstuhlrampe zur Verfügung hat. Weitverbreitet als Rollstuhl-Fahrzeug ist der VW-Caddy, aber es gibt auch andere Fahrzeuge, die mit einer Rollstuhlrampe ausgerüstet werden können. Wir hatten uns für einen Caddy in der „kurzen" Ausführung entschieden und haben diesen schon von VW mit einer Rampe ausrüsten lassen. Es gibt natürlich auch die Möglichkeit, ein geeignetes bereits vorhandenes oder neu angeschafftes Fahrzeug bei einem der zahlreichen Umbaufirmen nachrüsten zu lassen. Das hat allerdings den Nachteil, dass man bei Problemen zwei unterschiedliche Ansprechpartner für Fahrzeug und Umrüstung hat, wodurch die Regulierung von Garantieschäden u.U. problematisch werden könnte.

Bzgl. der Auswahl des Fahrzeuges habe ich im Wesentlichen zwei Tipps aus meiner Erfahrung:

- Der Transport von mir im Rollstuhl funktioniert im Prinzip schon – allerdings kann man den Rollstuhlplatz in seiner vollen Größe nur bei umgeklappter Rückbank nutzen. Wenn man den Rollstuhl etwas schräg stellt und die Einstellungen am Rollstuhl entsprechend optimiert, dann kann man den Einzelsitz der Rückbank z.B. für die Pflegeperson nutzen, aber es wird dann doch ziemlich eng. Ein nennenswerter Platz für evtl. Gepäck bleibt so natürlich nicht. Wenn man das Fahrzeug wirklich komfortabel nutzen will, dann wäre die „lange" Ausführung mit Sicherheit besser – oder gleich ein VW-Bus oder Ähnliches.

- Was wir außerdem nicht berücksichtigt hatten war die Tatsache, dass das von uns ausgewählte Fahrzeug mit einem etwas tiefer gelegten Sport-Fahrwerk ausgerüstet war. Das hat zur Folge, dass es für mich relativ unangenehm ist, genau auf der ziemlich hart gefederten Hinterachse zu sitzen. Außerdem hat die heruntergeklappte Stoßstange nur einen minimalen Abstand zur Straße, sodass man – besonders bei nicht völlig ebenem Untergrund – immer z.B. eine Decke unterlegen muss, damit man sich die Stoßstange nicht verkratzt, wenn sie auf der Straße aufliegt.

Öffentliche Verkehrsmittel

Mit den öffentlichen Verkehrsmitteln – seien es Busse und Bahnen des Verkehrsverbundes oder auch die Deutschen Bahn – habe ich überwiegend gute Erfahrungen gemacht. Außerdem ist die Fahrt – vor allem bei längeren Strecken – um einiges bequemer und komfortabler als mit dem Auto. Die Zugänglichkeit der Busse und Bahnen des Verkehrsverbundes sind dabei vermutlich von Stadt zu Stadt verschieden – in Nürnberg ist z.B. die Fahrt in Linienbussen und Straßenbahnen kein Problem, da die Fahrzeuge mit einer Rampe ausgerüstet sind. Bei der U-Bahn ist es davon abhängig, ob „neue" barrierefreie Züge eingesetzt werden oder „alte", bei denen die Nutzung mit Elektro-Rollstuhl überhaupt nicht und mit leichterem Rollstuhl und einer kräftigen Begleitperson nur eingeschränkt möglich ist.

Bei der Deutschen Bahn kann man viele – aber leider nicht alle – Verbindungen mit dem Rollstuhl nutzen, wenn man die Fahrt bei der Mobilitätszentrale der Bahn anmeldet. Entweder man kann – überwiegend im Nahverkehr – eine im Zug mitgeführte Rampe verwenden, die vom Zugpersonal bedient wird, oder ein Mitarbeiter des Bahnhofs hebt den Rollstuhl mit Hilfe eines mobilen Hublifts in die Züge. Für diesen (kostenlosen) Service ist eine gewisse Vorbereitung und rechtzeitige Anmeldung erforderlich. Hilfe und Information bieten dabei die entsprechenden Veröffentlichungen im Internet unter bahn.de.

Rollstuhl-Taxi

Eine weitere Möglichkeit ist die Nutzung eines Rollstuhltaxis, für die üblicherweise größere Fahrzeuge eingesetzt werden. Ich habe diese bisher nur genutzt, wenn ich, z.B. im Urlaub, meinen Pkw nicht zur Verfügung hatte und die Nutzung von öffentlichen Verkehrsmitteln nicht sinnvoll möglich war.

Entsprechende Anbieter habe ich mir im Internet gesucht und über E-Mail reserviert. Sicher sind diese Fahrten nicht billig – aber wenn das die Lösung ist, etwas unternehmen zu können, was man gerne möchte und sonst nicht kann, ist dieses Geld gut angelegt.

Kulturelle Veranstaltungen

Es gibt allerdings auch Aktivitäten, die – bis auf die eine oder andere organisatorische Problematik – fast überhaupt nicht eingeschränkt sind. So besuche ich relativ oft Kinos, Vorträge, Konzerte, Musicals usw.

Dabei gibt es eigentlich nur zwei Aspekte, die man bei solchen Unternehmungen beachten muss, nämlich die Eignung des Veranstaltungsortes für Rollstuhlfahrer und die Frage, wie man zur Veranstaltung kommt. Informationen zu An- und Abreise habe ich in einem anderen Abschnitt gegeben – hier einige Anmerkungen zum Besuch von Veranstaltungen.

Inzwischen sind Plätze für Rollstuhlfahrer in vielen Veranstaltungsorten eine Selbstverständlichkeit – es gibt trotzdem erhebliche Unterschiede, die man kennen sollte. Aus praktischen Gründen sind Rollstuhlplätze entweder ganz vorne, ganz hinten oder seitlich ganz außen vorgesehen. In Kinos sind Plätze ganz hinten sehr gut – wenn man ganz vorne auf der Seite sitzen müsste, dann ist das Kinoerlebnis eher suboptimal. Bei Konzerten, bei denen die Plätze ganz hinten liegen, kann das Problem auftreten, dass das Publikum bei besonders mitreißenden Situationen praktisch vollständig aufsteht – dann hat man als Rollstuhlfahrer natürlich überhaupt keine Sicht mehr auf die Bühne.

Hier wären Plätze weiter vorne bzw. ohne Publikum zwischen dem Rollstuhlplatz und der Bühne besser. Etwas kann man die Sicht auch dadurch verbessern, indem man mit einem Elektrorollstuhl kommt, bei dem man die Sitzfläche so weit hochfahren kann, dass man praktisch auf der selben Augenhöhe wie das stehende Publikum ist – das geht allerdings wiederrum nur, wenn keiner hinter einem sitzt.

Wegen der prinzipiellen Zugänglichkeit der Veranstaltungsstätte für Rollstuhlfahrer erkundige ich mich bei mir unbekannten Sälen immer vorab per E-Mail beim Veranstalter. Die subjektiven Kriterien, wie gute Sicht, kann ein Nicht-Rollstuhlfahrer eigentlich nicht wirklich beurteilen, sodass man das persönlich einfach ausprobieren muss. Im Laufe der Zeit bekommt man damit eine „Hitliste" von Veranstaltungsstätten, welche die individuelle Eignung entsprechend der eigenen Anforderungen beschreibt.

Auch wenn das natürlich individuell und regional ausgerichtet ist, möchte ich einige Beispiele nennen:

- Als optimal empfinde ich die Rollstuhlplätze im Deutschen Theater in München, in dem z.B. Musicals aufgeführt werden. Die Plätze liegen auf dem Balkon, direkt neben dem Aufzug, und bieten einen Blick auf die Bühne, wie ich ihn bei anderen Theatern noch nicht hatte.

- Die verschiedenen Spielstätten des Staatstheaters in Nürnberg (Opernhaus, Schauspielhaus, Kammerspiele und Meistersingerhalle) sind auch vernünftig zu besuchen.

- Ein aus meiner Sicht als Rollstuhlfahrer optimaler Saal, in dem die verschiedensten wissenschaftlichen Vorträge, aber auch kulturelle Veranstaltungen stattfinden, ist das Nikolaus-Copernicus-Planetarium in Nürnberg.

- Im Multiplex-Kino „Cinecitta" in Nürnberg sind die Rollstuhlplätze in den meisten Kinosälen relativ gut angeordnet (üblicherweise in der letzten Reihe) – es gibt jedoch auch ausgewiesene „Rollstuhlplätze", die für mich mit dem Elektro-Rollstuhl praktisch nicht zu nutzen sind. Auch hier habe ich für mich eine Liste angelegt, in der ich die Situation in den einzelnen Sälen dokumentiere und so weiß, in welchen Saal es besser ist, nicht nochmal zu gehen.

- Einige andere Musical-Bühnen, wie die „Neue Flora" in Hamburg sowie die Bühnen im SI-Center in Stuttgart, sind für Rollstuhlfahrer schon zugänglich, wenn auch die Plätze weit vorne am Rand keine wirklich optimale Lage haben. Zudem muss man schon ein „Pfadfinder-Gen" haben, um den barrierefreien Zugang zu finden, bzw. ist auf jemanden vom Theater angewiesen, der einen auf Umwegen durch irgendwelche Gänge zu seinem Platz geleitet.

Was ich erfreulicherweise erleben konnte, war, dass bisher ausnahmslos alle Mitarbeiter der Theater sehr freundlich waren und immer versucht haben, mir meinen Besuch so angenehm wie möglich zu machen.

Üblicherweise kann man Rollstuhlplätze nicht online reservieren bzw. entsprechende Karten kaufen, sondern wird auf eine Hotline des Veranstalters verwiesen. Wenn man – so wie ich – jedoch nicht sprechen kann, dann kann man entweder jemanden bitten, dort anzurufen, oder man kann die Karten für viele Veranstaltungen auch über E-Mail bestellen. Das wird offiziell zwar nicht angeboten, geht nach meiner Erfahrung trotzdem, indem man eine freundliche E-Mail an den Veranstalter schickt.

Die Preisbildung läuft nach meiner Erfahrung meist darauf hinaus, dass für den Rollstuhlplatz inklusive einer im Behindertenausweis eingetragenen Begleitperson (Merkzeichen „B") ein nor-

maler Ticketpreis zu zahlen ist. Ob der Rollstuhlfahrer voll zahlen muss und dafür die Begleitperson freien Eintritt bekommt, oder ob sowohl der
Rollstuhlfahrer als auch die Begleitperson jeweils
50 % Rabatt bekommen, ist vom Veranstalter abhängig. Bei manchen privaten Veranstaltern, z.B.
Kinos, gelten hier individuelle Regelungen.

Restaurantbesuche

Es gibt sicher Freizeitaktivitäten, die für mich den
ursprünglichen Reiz verloren haben, z.B. Restau-
rantbesuche mit Freunden, um gut zu essen und
zu trinken, aber auch um interessante Gespräche
zu führen. Trotzdem pflegen meine Frau und ich
unsere Freundschaften, wobei ich natürlich eher
die Rolle des passiven Zuhörers und Zuschauers
übernommen habe. Aber abhalten lasse ich mich
von diesem passiven „Genuss" nicht und freue
mich immer wieder über den Gewinn, den der
Kontakt mit Freunden und gemeinsame Aktivitäten immer noch haben – vielleicht sogar bewusster
und intensiver als früher.

Ausflugs-Ideen

Wenn jemand – wie ich – ein aktives Leben geführt
hat und sowohl geschäftlich als auch privat viel
unterwegs war, gehören für mich Ausflüge, Wan-

derungen und Spaziergänge zu einem ausgefüll-ten Leben. Wenn ich vieles natürlich nicht mehr in der gewohnten Art und Weise unternehmen kann, ist es für mich unverändert wichtig, draußen un-terwegs zu sein. Warum auch nicht? Ich wohne in der Stadt, in der Nähe eines Sees und habe die Möglichkeit, mich bei schönem Wetter spazieren fahren zu lassen oder neben einer Bank - für die Pflegeperson - im Freien gemütlich Zeitung zu le-sen.

Im Einzugsbereich des öffentlichen Nahverkehrs-systems kann ich mich auch mit Rollstuhl flexibel bewegen – mit etwas Vorbereitung auch weiter entfernte Ziel ansteuern.

Mein Tipp: Den „inneren Schweinehund" zu Hause lassen und sich entsprechende Ziele set-zen. Nach einem gelungenen Ausflug fühle ich mich um Größenordnungen besser und „norma-ler", so dass ich nur empfehlen kann, sich nicht in seine „vier Wände" zurückzuziehen.

Reise und Urlaub

Auf Reisen und Urlaub zu verzichten braucht man auch mit ALS nicht – auch wenn die erforderliche Logistik zugegebenermaßen mit zunehmenden körperlichen Einschränkungen schon aufwändiger wird.

Meine Geschichte

(Phase 0) Keine nennenswerten Einschränkungen. In den ersten Jahren nach der Diagnose waren natürlich die Einschränkungen, die sich aus den Problemen mit der Feinmotorik der Hände z.B. beim Essen und Trinken ergeben, auch auf Reisen zu berücksichtigen. Eine Einschränkung bzgl. Verkehrsmittel und Reisezielen war dadurch allerdings nicht geben.

(Phase 1 – ab 03.2013) Bisher war das einzige Problem beim Autofahren, dass ich mit der rechten Hand den Zündschlüssel nicht mehr drehen konnte und mir auf eine etwas umständliche Weise mit der linken Hand behelfen musste. Nun fühlte ich mich aber inzwischen auch beim Autofahren selbst so unsicher, dass ich vernünftigerweise nicht mehr selbst gefahren bin. Da meine Frau diese Aufgabe übernommen hat, war das nicht wirklich eine Einschränkung – nur für mich als jemand, der gerne selbst und ausgesprochen ungern als Beifahrer gefahren ist, war das natürlich schon ein gravierender Einschnitt.

(Phase 2 – ab 07.2013) Nachdem es immer schwieriger bzw. tagesformabhängig war, längere Strecken zu laufen, habe ich dann – vorsichtshalber – meinen Adaptiv-Rollstuhl mit E-Fix-Antrieb mitgenommen. Normalerweise habe ich ihn nicht gebraucht, war manchmal aber doch froh, dass ich auf Unternehmungen, die ohne Rollstuhl nicht mehr möglich gewesen wären, bequem im Rollstuhl fahrend nicht verzichten musste. Der Rollstuhl – auch wenn er zusammenklappbar war – war natürlich schon ein zusätzliches Gepäckstück, das bei der Planung berücksichtigt werden musste.

(Phase 3 – ab 05.2014) Als „richtiger" Rollstuhlfahrer, der auch auf Reisen praktisch immer im Rollstuhl transportiert werden muss, war es dann schon aufwändiger, den großen Elektrorollstuhl bzw. den Adaptiv-Rollstuhl, der inzwischen – mit fester Rückenschale und Kopfstütze – auch nicht mehr so einfach zusammenlegbar war, zu transportieren. Eigentlich waren aber auch zu dieser Zeit noch alle Reisearten möglich.

(Phase 4 – ab 06.2015) Eine Einschränkung der Verkehrsmittel und damit auch der Reiseziele war ab dem Moment gegeben, ab dem ich nicht mehr stabil außerhalb des Rollstuhls – z.B. in Flugzeugsitzen – sitzen konnte. Ich weiß, dass es „ALS-Kollegen" gibt, die auch hierfür Lösungen gefunden haben – ich habe jedoch das Flugzeug seitdem von der Liste meiner Verkehrsmittel gestrichen. Das schränkt die erreichbaren Ziele natürlich schon erheblich ein – es bleiben aber immer noch genügend attraktive Möglichkeiten übrig.

Hilfsmittel

Die Mitnahme der bei zunehmenden körperlichen Einschränkungen immer größer werdenden Auswahl an Hilfsmitteln und Verbrauchsmaterialien ist eine der großen Herausforderungen bei einer Reise, die schon eine gewisse Kreativität und gute Vorbereitung erfordert. Dabei sollte man genau überlegen, was man wirklich benötigt und mit welcher Priorität.

Lebensnotwendige Geräte und Ausrüstungsgegenstände müssen natürlich während der Reise immer in der Nähe des Patienten sein – wie z.B. ein zweites Beatmungsgerät, ein mobiles Absauggerät und die im Notfall benötigte Grundausstattung. Für anderes Equipment kann man auch alternative Transportmöglichkeiten nutzen, z.B. einen Haus-zu-Haus-Transport durch Anbieter wie die Deutsche Bahn oder Hermes. Wir haben diese Aufgabenstellung aber auch öfter so gelöst, dass ich mit den Pflegekräften und dem „Notfall-Gepäck" mit der Bahn gefahren bin und meine Frau mit dem PKW das restliche Gepäck transportiert hat.

Bei der Organisation hilft es auch, wenn man sich eine Unterkunft auswählt, die bestimmte Hilfsmittel, wie z.B. Pflegebetten, Dusch-/Toilettenstühle, aber auch Patientenlifter bereitstellt, oder sich entsprechende Hilfsmittel von einem örtlichen Sanitätshaus mietet. Dabei ist natürlich entscheidend, wie speziell die jeweiligen Hilfsmittel sind. Es gibt Angebote, z.B. nach Teneriffa zu fliegen und sich dort einen Elektro-Rollstuhl zu mieten – natürlich nur, wenn man mit einer Standardausführung mit Joystick auskommt. Sondersteuerungen dürften auf diese Weise nur schlecht zu beschaffen zu sein.

Über Unterkünfte, die den eigenen Bedürfnissen entsprechen, kann man sich im Internet informieren – ebenso über die Möglichkeit vor Ort Hilfsmittel leihen zu können. Es gibt speziell für Rollstuhlfahrer ausgestattete Angebote, von Apartments bis hin zu „Rollstuhl-Hotels" – sogar spezielle Reisebüros, die extra Pauschalreisen für Rollstuhlfahrer anbieten. Auch unter dem Begriff „Pflege-Hotel" findet man Angebote in Häusern, die entweder auch Pflegeleistungen selbst anbieten oder mit einem örtlichen Pflegedienst zusammenarbeiten.

Reisen mit dem PKW

Reisen mit dem PKW, der ggf. über eine entsprechende Ausstattung für den Rollstuhl-Transport verfügt, sind praktisch – bei längeren Reisen ergibt sich – wie ich bereits im Abschnitt „Freizeitbeschäftigung" beschrieben habe – eine Einschränkung durch den zum Transport der Pflegekräfte und des Gepäcks zur Verfügung stehenden Platz. Wenn man längere Reisen mit dem PKW in Betracht zieht, dann sollte man dies bereits bei der Auswahl eines Fahrzeugs berücksichtigen. Alternativ kann man es auch so wie wir machen und mit Bahn und Auto parallel fahren. So löst man einerseits das Transportproblem bei An- und Abreise, hat aber andererseits am Urlaubsziel einen geeigneten PKW für Ausflüge etc. zur Verfügung.

Bahnreisen

Entgegen anderslautender Berichte habe ich bei zahlreichen Bahnfahrten nur gute Erfahrungen gemacht. Die Fahrt kann man problemlos über das Internet anmelden und trifft am vereinbarten Treffpunkt einen Service-Mitarbeiter der Bahn, der einen dann – sofern erforderlich mit einem Hublift – in den Waggon mit den reservierten Plätzen bringt. In Zügen des Nahverkehrs ist die Fahrt für einen Rollstuhlfahrer mit entsprechender Wertmarke zu seinem Schwerbehindertenausweis kostenlos. Die Beförderung einer Begleitperson ist

ebenfalls kostenlos, sofern im Schwerbehinderten-
ausweise das Merkzeichen „B" eingetragen ist. Im
Fernverkehr muss der Rollstuhlfahrer ein Ticket
zum normalen Fahrpreis erwerben – die Beförderung einer eingetragenen Begleitperson erfolgt jedoch auch im Fernverkehr kostenlos.

Für mich persönlich ist die Bahnfahrt eine sehr angenehme Art des Reisens. Einem Transport im
„Kofferraum" meines Pkws ziehe ich insbesondere bei längeren Strecken eindeutig eine Bahnfahrt vor, bei der zwischendurch nötige Aktionen,
wie z.b. Absaugen, problemlos möglich sind, ohne
– u.U. notfallmäßig – die Fahrt unterbrechen zu
müssen. Auch ist die Fahrt wesentlich ruhiger, so
dass ich dort etwas lesen kann und nicht gespannt
auf die nächste Bodenunebenheit warten muss.

Flugreisen

Auch Flugreisen sind mit Rollstuhl und auch mit
Beatmung prinzipiell möglich. Die verschiedenen
Fluglinien bieten dafür bestimmte Service-Ruf-
nummern an, bei denen der Flug angemeldet werden muss. Das aus medizinischen Gründen erforderliche Gepäck kann dort ebenfalls angemeldet
werden und wird dann als „Sondergepäck" kostenlos und zusätzlich zum normalen Gepäck be-
fördert.

Es ist – zumindest bei den Flugreisen, die ich mit Rollstuhl unternommen habe – so, dass man durch einen Service-Mitarbeiter des Flughafens oder der Fluglinie vom Check-in bis zum Flugzeug gebracht wird. Ich konnte dabei immer mit meinem Rollstuhl fahren, bis ich unmittelbar am Flugzeug auf einen speziellen (extra-schmalen) Bordrollstuhl umgesetzt wurde, zum Platz im Flugzeug gefahren und auf den Flugzeugsitz transferiert wurde. Mein Rollstuhl wurde dann in den Frachtraum gebracht – was natürlich nur funktioniert, wenn man mit einem Rollstuhl unterwegs ist, der vom Personal auch zu tragen ist, und nicht mit einem über 150 kg schweren Elektro-Rollstuhl.

Kritisch für einen Transport im Flugzeug sind generell Batterien. Für den E-Fix-Antrieb meines Rollstuhls ist auf der Homepage des Herstellers ein mehrsprachiges Dokument zum Download bereitgestellt, worin bestätigt wird, dass die dazugehörige Batterie nach den Bestimmungen der Internationalen Vereinigung der Fluglinien (IATA) zertifiziert ist und an Bord eines Passagierflugzeuges mitgenommen werden darf. Die Mitnahme eines derartigen Zertifikats in Englisch ist dringend empfehlenswert, um eine mögliche Verweigerung des Transports zu vermeiden. Auch für andere medizinische Geräte ist die Mitnahme entsprechender Beschreibungen – vorzugsweise in englischer Sprache – empfehlenswert, um z.B. bei Sicherheitskontrollen den Zweck der Geräte belegen zu können.

Schiffsreisen

Eine gute Möglichkeit für Rollstuhlfahrer zu reisen ist eine Schiffsreise – vorausgesetzt, es handelt sich um ein entsprechend barrierefrei ausgestattetes Schiff. Ein wesentlicher Vorteil dabei ist, dass das eine Reiseform ist, bei der man eine Rundreise machen kann, ohne jeden Tag mit seiner ganzen Ausrüstung „umziehen" zu müssen. Außerdem hat man den Freiraum zur Gestaltung seines Tages – auch sich in seine Kabine zurückzuziehen, wenn man sich mal nicht so fit fühlt –, ohne an ein vorgegebenes Tagesprogramm gebunden zu sein.

Auch bei Schiffsreisen ist es erforderlich, zur Buchung Kontakt mit der Reederei aufzunehmen. Zum einen sind die rollstuhlgeeigneten Kabinen sowieso nur direkt und nicht z.b. über das Internet buchbar, außerdem müssen der Reederei – schon aus Sicherheitsgründen – Einzelheiten zu den körperlichen Einschränkungen sowie den mitgebrachten Hilfsmitteln und auch sicherheitsrelevante Informationen, wie z.B. die Mitnahme von Sauerstoff, mitgeteilt werden.

Ein Thema, das zweckmäßigerweise auch vorab geklärt werden sollte, ist die Möglichkeit, an Landausflügen teilzunehmen. Für jemanden, der noch in der Lage ist, das Schiff auf den eigenen Füßen zu verlassen, in einen Reisebus einzusteigen und einen Rollstuhl ggf. nur für längere Strecken benötigt, ist normalerweise auch die Teilnahme an von der Reederei angebotenen Landausflügen kein Problem. Etwas schwieriger wird es, wenn man dauerhaft im Rollstuhl sitzt und somit auch im Rollstuhl transportiert werden muss. Auch wenn die Reederei über ihre lokalen Partner die Organisation von Ausflügen, z.B. mit rollstuhlgeeigneten Fahrzeugen, vermittelt, ist es meist kostengünstiger und individueller, wenn man solche Ausflüge direkt mit lokalen Anbietern organisiert – was im Zeitalter des Internets auch problemlos möglich ist.

Ein Punkt, den man bei der Planung nicht unberücksichtigt lassen sollte, ist die Frage, ob und wie man in den einzelnen Häfen im Rollstuhl überhaupt an Land gehen kann. Kreuzfahrtschiffe können in meist kleineren Häfen oft nicht direkt anlegen und die Passagiere werden in Tenderbooten von und an Bord gebracht. In diesen Häfen sind Landgänge im Rollstuhl somit nicht möglich. Aber auch in Häfen, in denen das Schiff direkt im Hafen anlegt, können sich Probleme durch die aufgrund der Gezeiten unterschiedlichen Wasserstände ergeben. Während Passagiere zu Fuß das Schiff problemlos über eine entsprechend dem Wasserstand mehr oder weniger geneigte Gangway verlassen können, kann dies für Personen im Rollstuhl eine unüberwindbare Hürde darstellen. Das wäre besonders fatal, wenn man das Schiff zwar verlassen konnte, aber wegen zwischenzeitlich geändertem Wasserstand nicht mehr auf das Schiff zurückkommen kann, weil das Schiff nicht über entsprechende Hilfsmittel verfügt.

Ich kann hier über meine Erfahrungen auf zwei völlig unterschiedlichen Schiffsreisen berichten, die ich mit dem Rollstuhl unternommen habe.

Mit der Aida Prima auf der Nordsee

Auf dem neuen und mit über 4.000 Passagieren riesigen Schiff sind einige Kabinen für Rollstuhlfahrer ausgerüstet. Die Kabine, die ich hatte, war doppelt so groß wie benachbarte, normale Kabinen und hatte damit auch einen doppelt so großen Balkon. Die Ausstattung war sehr gut und zweckmäßig – das Einzige nicht ganz Optimale war, dass sie mit einem normalen Bett ausgestattet war.

Die Angebote an Buffets, Bars, aber auch Freizeitangeboten ständig vor Augen zu haben, aber nichts davon genießen zu können, ist für jemanden in meiner Situation allerdings schon etwas masochistisch, aber im Laufe der Erkrankung wird man gegen derartige Gefühle unempfindlicher – und gelegentlich ein paar Tropfen Bratensauce auf die Zunge …

In Southhampton war das Verlassen des Schiffes etwas für starke Nerven. Der Weg führte über eine lange Gangway mit Treppenstufen und war somit nicht mit dem Rollstuhl befahrbar. Das Schiff hatte jedoch eine Art Raupe an Bord, bei der man mit seinem Rollstuhl auf eine Plattform fahren konnte und dort mit Gurten festgeschnallt wurde. Die Plattform wurde dann mit dem Rollstuhl nach hinten gekippt. Nach dieser Vorbereitung fuhr mich dann das dafür zuständige Team mit der Raupe die Treppe hinunter. Der Moment, in dem die Raupe am Anfang der Treppe nach vorne kippt, hatte etwas vom Gefühl, das man hat, wenn man in einer Achterbahn nach oben gezogen wurde und dann ausgeklinkt vom Antrieb in die Tiefe rast. Nur dass in diesem Fall zum Glück keine rasante Talfahrt begann, sondern sich die Raupe langsam und von mehreren Crew-Mitgliedern „gesichert" langsam von Stufe zu Stufe nach unten hangelte, bis ich drei „Stockwerke" tiefer wieder festen Boden unter den Füßen hatte.

In den beiden anderen Häfen, in denen wir das Schiff verlassen hatten – Rotterdam und Zeebrugge –, waren die Terminals mit Gangways ausgerüstet, die sich so anpassen ließen, dass man im

Zickzack, aber ohne Treppen vom Schiff ins Terminal gelangen konnte. Das „Erlebnis" mit der Raupe musste ich daher kein zweites Mal genießen.

Alles in allem war die Reise sehr schön und verlief, dank der ausgezeichneten Organisation durch meine Frau und der Unterstützung der mitreisenden Pflegekräfte, ohne Schwierigkeiten.

Mit dem Postschiff entlang der Küste Norwegens (Hurtigruten)

Eine ganz andere Art von Schiffsreise ist die Fahrt mit einem Schiff der „Hurtigruten" entlang der norwegischen Küste bis hoch an die russische Grenze, noch östlich des Nordkaps. Dabei handelt es sich nicht um eine Kreuzfahrt, sondern um die Fahrt mit einem Linienschiff, das neben dem touristischen Zweck auch dem Waren- und Passagiertransport zwischen den Häfen entlang der Küste dient. Die Schiffe verlassen täglich gegen Abend die norwegische Stadt Bergen, erreichen nach sechs Tagen ihren „Wendepunkt", das Städtchen Kirkenes an der Grenze zu Russland, um dann wieder südgehend nach nochmal 5 Tagen wieder in Bergen anzukommen.

Im Gegensatz zu Kreuzfahrten ist die Aufenthaltsdauer in den insgesamt 34 Häfen (je Richtung) nur so lange, wie es nötig ist, um Waren und Passagiere aus- und einzuladen. In einigen Häfen ist der Aufenthalt mit Rücksicht auf die mitreisenden Touristen etwas verlängert, damit diese z.B. vom Hafen in Honnigsvag an einer Tour zum Nordkap teilnehmen können – üblicherweise sind die Liegezeiten in den Häfen jedoch zwischen 15 Minuten und 3 Stunden. Die Reederei bietet für die Touristen eine Vielzahl von Ausflügen an, die teilweise auch so geplant sind, dass man das Schiff in einem Hafen verlässt und zum Ende des Ausflugs im nächsten oder übernächsten Hafen wieder an Bord geht.

Auch bei diesen Ausflügen gilt, dass eine Teilnahme möglich ist, wenn man auf seinen eigenen Füßen unterwegs ist und einen Rollstuhl nur im Kofferraum des Ausflugsbusses mitnimmt. Ansonsten kann man mit dem Rollstuhl von den üblicherweise ziemlich zentral gelegenen Liegeplätzen der Schiffe den jeweiligen Ort erkunden oder sich über das Ausflugsbüro an Bord auch ein rollstuhlgeeignetes Taxi bestellen, mit dem man seinen Bewegungsradius etwas erhöhen kann. Aufgrund der sagenhaft faszinierenden Landschaft Norwegens kann man aber die Fahrt auch vom Schiff genießen, ohne – wie bei normalen Kreuzfahrten – tagsüber in ziemlich tristen Industriehäfen zu liegen, wenn man keinen Landgang unternimmt.

Die Schiffe selbst sind komfortabel ausgestattet, die kulinarischen Angebote sind erstklassig, eine Animation, Borddiskotheken, Wellness-Angebote, Schwimmbäder und ähnliches findet man hier natürlich nicht. Das würde auch zu dem Charakter der Reise absolut nicht passen.

Auf einem der neuesten Schiffe, der MS Midnadsol, hatte ich eine barrierefreie Kabine, die zweckmäßig eingerichtet war – sogar ein elektrisch verstellbares Pflegebett war vorhanden. Da das Schiff für den Waren- und auch Autotransport eingerichtet ist, ist der Weg vom und aufs Schiff mit dem Rollstuhl ausnahmslos völlig problemlos möglich. Das Schiff ist immer über Rampen und entsprechende Plattform-Aufzüge mit dem Land verbunden.

Alles in allem ist diese Fahrt für mich eine Traumreise, die auch mit schweren körperlichen Einschränkungen möglich und ein unvergessliches Erlebnis ist. Das einzige Problem ist die Anreise nach Bergen, die natürlich normalerweise mit dem Flugzeug am einfachsten ist. Auf dem „Landweg" müsste man bis Kiel mit Auto und/oder Bahn, von Kiel nach Oslo mit der Fähre und von Oslo nach Bergen wieder mit der Bahn und/oder Auto fahren.

Finanzielle Aspekte

Neben den gesundheitlichen und medizinischen Aspekten spielen natürlich auch finanzielle Kriterien eine gewisse Rolle beim Leben mit einer derartigen Krankheit. Selbstverständlich kann ich hier nicht alle Themen vollständig und bis ins Detail erläutern – ich möchte allerdings auch hier aus meiner Sicht wichtige Informationen wiedergeben, um ggf. entsprechende Gedankenanstöße zu geben.

Gesetzliche Sozialversicherung

Spätestens wenn die körperlichen Einschränkungen so groß sind, dass man nicht mehr erwerbstätig sein kann, stellt sich die Frage, wovon man seinen Lebensunterhalt und ggf. den seiner Familie bestreitet. Anfangs dürfte man noch eine gewisse Zeit „arbeitsunfähig" geschrieben sein und als Arbeitnehmer zunächst 6 Wochen Lohnfortzahlung und anschließend bis insgesamt 18 Monate Krankengeld von der Krankenkasse erhalten. Dieser Zeitraum von insgesamt 18 Monaten – wobei alle Zeiten der Arbeitsunfähigkeit wegen derselben Erkrankung in den letzten 3 Jahren zusammengerechnet werden, ist jedoch nicht so zu verstehen, dass man in jedem Fall so lange Anspruch auf

Krankengeldbezug hat. Das entscheidende Kriterium dabei ist, dass die Aussicht auf eine Wiederaufnahme der Berufstätigkeit bestehen muss.

Sobald dies nicht mehr gegeben ist, wird üblicherweise die Krankenkasse aktiv und den Versicherten auffordern, einen Antrag auf eine Reha-Maßnahme beim zuständigen Rentenversicherungsträger zu stellen. Kommt man dieser Aufforderung innerhalb der angegebenen Frist nicht nach, so endet der Anspruch auf Krankengeld zum Ende dieser Frist – u.U. bereits lange vor Ablauf der 18 Monate.

Dieser Antrag auf eine Reha-Maßnahme wird von der Rentenversicherung vorrangig bearbeitet und getreu dem Grundsatz „Reha vor Rente" auch kurzfristig genehmigt. Bis zum Beginn der Reha-Maßnahme besteht dann der Anspruch auf Krankengeld weiter – es sei denn, der Maximalzeitraum von 18 Monaten ist erreicht. Während der Reha-Maßnahme erhält man als „Lohnersatzleistung" statt Krankengeld von der Krankenkasse das sog. Übergangsgeld vom Rentenversicherungsträger.

Wenn die 18 Monate jedoch überschritten werden, bevor die Reha-Maßnahme angetreten wird, wird es schwierig. In diesem Fall wird man „ausgesteuert", d.h. es springt dann das Arbeitsamt mit einer Sonderform des Arbeitslosengeldes ein – genauso wie für den Zeitraum nach der Reha-Maßnahme, sofern durch die Reha die Erwerbsfähigkeit nicht wiederhergestellt und die Berufstätigkeit nicht wiederaufgenommen wird. Dieser Status als „erwerbsunfähiger Arbeitsloser" setzt jedoch voraus, dass ein Antrag auf Erwerbsunfähigkeitsrente bei der gesetzlichen Rentenversicherung gestellt wurde und dieser noch in Bearbeitung ist.

Dieser Antrag kann auf Basis des ärztlichen Entlassungsberichtes der Reha-Klinik gestellt werden, wenn in diesem Bericht bestätigt ist, dass aufgrund der Untersuchungen während der Reha-Maßnahme festgestellt wurde, dass der Patient voraussichtlich länger bzw. dauernd vollständig erwerbsunfähig sein wird. Vollständig erwerbsunfähig ist man dann, wenn man für nicht länger als 3 Stunden am Tag irgendeine Erwerbstätigkeit ausführen kann. Dieses Kriterium ist unabhängig von der bisher ausgeübten Berufstätigkeit. Lediglich für Arbeitnehmer, die bis 1960 geboren wurden, gibt es in der gesetzlichen Rentenversicherung noch das Kriterium der Berufsunfähigkeit.

Sobald man den Bescheid über die Zahlung einer Erwerbsunfähigkeitsrente erhält, bekommt man die individuell errechnete Erwerbsunfähigkeitsrente ausgezahlt. Die Rente wird dabei rückwirkend bewilligt vom Zeitpunkt der Antragstellung auf die Reha-Maßnahme. Die Stellen, die seit dem Antrag „Lohnersatzleistungen" bezahlt haben – also die Krankenkasse Krankengeld, die Rentenversicherung Übergangsgeld und das Arbeitsamt

Arbeitslosengeld –, haben für die entsprechenden Zeiträume einen Anspruch auf Rückerstattung gegen die Rentenversicherung. Da üblicherweise das Krankengeld höher ist als das Übergangsgeld, das Übergangsgeld höher als das Arbeitslosengeld und das Arbeitslosengeld höher als die Erwerbsunfähigkeitsrente, erhalten die Stellen, die „in Vorleistung" gegangen sind, natürlich nur eine Rückerstattung in Höhe des Rentenanspruchs – die Differenz wird trotzdem nicht vom Versicherten zurückgefordert.

Aufgrund dieser Zusammenhänge ergibt sich, dass es besser ist, je länger dieses Verfahren dauert. Man sollte nur darauf achten, dass man die Reha-Maßnahme zwar möglichst spät – kurz vor dem Ende des 18-Monatszeitraums –, aber auf jeden Fall vor dessen Ablauf antritt.

Außerdem ist extrem wichtig, dass die verschiedenen Zeiträume unbedingt lückenlos aufeinander folgen. Wenn man also an einem Tag von der Reha-Maßnahme zurückkommt, muss unbedingt am nächsten Tag der Antrag auf Erwerbsunfähigkeitsrente gestellt werden und unter Vorlage der Bestätigung über den Rentenantrag unbedingt auch am gleichen Tag das Arbeitslosengeld beantragt werden. Wenn hier Lücken entstehen, dann kann das erhebliche negative Folgen auf den Anspruch auf Lohnersatzleistungen, aber z.B. auch bzgl. eines kontinuierlich bestehenden Anspruchs auf eine gesetzliche Krankenversicherung haben.

Diese Schilderungen orientieren sich natürlich an meiner individuellen Situation und ich empfehle jedem, sich rechtzeitig umfassend über diese Thematik zu informieren und sich ggf. auch fachkundigen Rat einzuholen.

Berufsunfähigkeitsversicherung

Wenn man wissen möchte, wie hoch die Erwerbsunfähigkeitsrente sein wird, kann man diese Information der regelmäßig von der Rentenversicherung zugesandten Renteninformation entnehmen oder bei der Rentenversicherung – mit neuem Personalausweis auch online – abfragen. Es wird aber viele Betroffene, besonders wenn sie nennenswert über der Beitragsbemessungsgrenze verdient haben, überraschen, wie niedrig die monatliche Rente im Vergleich zum letzten Gehalt ist.

Wenn man keine zusätzliche private Berufsunfähigkeitsversicherung abgeschlossen hatte, dann bedeutet dies eine erhebliche Lücke im monatlichen Budget. Ohne ein Versicherungsvertreter zu sein, empfehle ich jedem dringend, eine solche Versicherung rechtzeitig abzuschließen. Jemand mit einer Diagnose wie ALS bekommt natürlich keine BU-Versicherung, da hier üblicherweise beim Antrag sehr genau der Gesundheitszustand abgefragt wird, und hat vermutlich Pech gehabt. Für alle anderen ist es enorm wichtig, möglichst jung und gesund sich einen ausreichenden Schutz zu noch ziemlich niedrigen Beiträgen zu sichern und diesen ggf. – dann üblicherweise ohne nochmalige Gesundheitsprüfung – regelmäßig an die persönliche Situation anzupassen.

Ich persönlich hätte ohne die Rente aus einer privaten BU-Versicherung ein erhebliches Problem.

Private Pflegeversicherung

Bzgl. der Abhängigkeit der Beiträge vom Alter und dem Gesundheitszustand verhält es sich bei einer privaten Pflegeversicherung ähnlich wie bei der Berufsunfähigkeitsversicherung. Auch einen Antrag auf eine Pflegeversicherung wird keine Versicherungsgesellschaft annehmen, wenn bei den Gesundheitsfragen angegeben wird, dass eine ALS-Diagnose vorliegt. Hier gibt es aber eine Ausnahme: Die gesetzlich geförderte Pflegezusatzversicherung („Pflege-Bahr"). Diese Versicherung kann unabhängig vom Gesundheitszustand abgeschlossen werden. Die einzigen Kriterien sind, dass eine gesetzliche Pflegeversicherung besteht und dass zum Zeitpunkt des Abschlusses noch kein Pflegegrad beantragt oder festgestellt wurde. Der Nachteil ist, dass eine Wartezeit von 5 Jahren gilt und so Leistungen frühestens nach 5 Jahren erbracht werden. Da eine ALS-Erkrankung auch relativ langsam verlaufen kann, so dass eine schwere Pflegebedürftigkeit erst nach einigen Jahren entstehen kann, kann es durchaus sinnvoll sein, auch in einem frühen Stadium der Krankheit eine derartige Versicherung abzuschließen.

Bei diesen Tarifen, bei denen die Eckpunkte gesetzlich geregelt sind und die auch vom Staat mit 5 Euro monatlich bezuschusst werden, gibt es trotzdem Unterschiede bei den Leistungen, z.B. bzgl. der maximalen Versicherungssumme, so dass sich trotz des gesetzlichen Rahmens das Vergleichen lohnt.

Hilfsmittelfinanzierung

Für Arbeitnehmer, die in einer gesetzlichen Krankenversicherung versichert sind, übernimmt die Krankenversicherung im Prinzip alle medizinisch erforderlichen Hilfsmittel. Das Problem liegt hier letztlich in der Interpretation der „medizinischen Notwendigkeit" durch die Krankenkasse bzw. auch durch den gerade zuständigen Sachbearbeiter.

Hier ist es schwer, einen konkreten Rat zu geben. Nach meiner Erfahrung ist es gut, möglichst offen und konstruktiv mit den entsprechenden Bearbeitern bei der Krankenkasse, der Pflegekasse und auch dem MDK zu kommunizieren und zusammenzuarbeiten.

Wenn erkennbar ist, dass die eigene Krankenkasse irgendwie „einen schlechten Ruf" bzgl. der Hilfsmittelversorgung hat und es Empfehlungen von anderen Patienten, Ärzten oder Versorgern gibt, dann sollte man rechtzeitig in Betracht ziehen, die Krankenkasse zu wechseln. Irgendwie habe ich den Eindruck, viele Leute haben eine gewisse „Hemmschwelle" – dabei gibt es dafür in diesem Fall aber überhaupt keinen Grund und man kann sich durch Wahl einer „guten" Krankenkasse das Leben mit einer derartigen Krankheit viel einfacher machen, statt sich mit einer „schlechten" Krankenkasse bei jedem Hilfsmittel über die „medizinische Notwendigkeit" und eine Kostenübernahme streiten zu müssen.

In diesem Zusammenhang erscheint es mir noch erwähnenswert, dass es eine Obergrenze der gesetzlichen Zuzahlungen von 2 % des Bruttoeinkommens – bei Vorliegen einer lebensbedrohlichen Krankheit wie der ALS reduziert auf 1 % – gibt. Auch wenn man sich früher darüber keine Gedanken gemacht hat, ist das Thema vermutlich bei infolge der Erkrankung niedrigerem Bruttoeinkommen bei gleichzeitig stark steigenden Zuzahlungen auf jeden Fall interessant. Um diese Vergünstigung zu erhalten, muss man alle Zuzahlungsbelege von Apotheken, Versorgern, Therapeuten und Krankenhäusern übers Jahr sammeln und diese mit Einkommensnachweisen bei der Krankenkasse einreichen – dann bekommt man den zu viel gezahlten Betrag zurückerstattet. Eine andere Möglichkeit ist, am Anfang des Jahres eine „Zuzahlungsbefreiung" zu beantragen. Dann muss man die 1 % bezahlen, bekommt dafür aber einen Befreiungsausweis, bei dessen Vorlage bei Apotheken, Versorgern und Therapeuten gar nicht erst Zuzahlungen geleistet werden müssen.

Zuschüsse

In vielen Fällen ist es erforderlich, dass man sich seine Wohnung so umbaut, dass man dort auch weiter bleiben kann.

Die Krankenkasse übernimmt derartige Kosten jedoch nicht, da es sich nicht um Hilfsmittel handelt, sondern um bauliche Maßnahmen, z.B. bei

- Einbau von Rampen oder Aufzügen innerhalb der Wohnung

- Umbau des Badezimmers, so dass es mit dem Rollstuhl befahrbar ist.

Für derartige Maßnahmen kann man bei Vorliegen von Pflegebedürftigkeit einen Zuschuss von 4.000 Euro beantragen. Diesen Zuschuss gibt es einmal – bei Durchführung von voneinander unabhängigen Maßnahmen mit zeitlichem Abstand ausnahmsweise auch zweimal.

Darüber hinaus gibt es Förderprogramme der Länder zum „behindertengerechten Umbau von Wohnraum". Diese sind von Bundesland zu Bundesland verschieden und auch an bestimmte Bedingungen geknüpft. In meinem Fall hat das Land Bayern den Einbau eines Deckenlifts zur Erschließung des oberen Geschosses unserer Wohnung mit 10.000 Euro bezuschusst.

Schwerbehindertenausweis

Einen gewissen Wert hat auch der Schwerbehindertenausweis. Zum einen erhält man auf Basis des Schwerbehinderten-Ausweises einen Steuerfreibetrag, der von dem Grad der Behinderung (GdB) und den Merkzeichen abhängt und bis zu 3.700 Euro beträgt. Zum anderen ist auch die Berechtigung für die kostenlose Nutzung der öffentlichen Verkehrsmittel im Nahverkehr bundesweit ein attraktiver Vorteil. Diese Karte bekommt man mit Merkzeichen „G" für ca. 80 Euro im Jahr – bei höherer Behinderung kostenlos. Eine Begleitperson ist bei einem Merkzeichen „B" in allen Verkehrsmitteln (auch Fernverkehr) kostenlos.

Die wichtigsten Hilfsmittel

All die Hilfsmittel und Tipps, die ich bisher beschrieben habe, können geeignet sein, die Einschränkungen, die diese Erkrankung mit sich bringt, zu kompensieren – die allerwichtigsten „Hilfsmittel" sind jedoch ganz klar:

- Lebensmut
- Kreativität
- eine gesunde Portion Pragmatismus
- eine positive Lebenseinstellung
- ein stabiles und positives soziales Umfeld
- auch etwas Glück
- und nicht zuletzt Humor

Ohne diese Basis wird es trotz aller Hilfsmittel schwer, sich mit der Erkrankung vernünftig zu „arrangieren". Andererseits kann sich eine optimale Versorgung mit Hilfsmitteln, wodurch die verschiedenen Einschränkungen ausgeglichen oder zumindest reduziert bzw. erträglicher gemacht werden, selbstverständlich auch auf die oben aufgeführten Kriterien positiv auswirken.

In diesem Zusammenhang möchte ich auch einen Austausch mit anderen Betroffenen empfehlen. Ich kann nachempfinden – da es mir die ersten drei

Jahre auch so erging – dass man eine gewisse Hemmschwelle hat, andere Betroffene kennenzulernen, bei denen die Erkrankung u.U. auch schon erheblich weiter fortgeschritten ist, und die einem die mögliche eigene Zukunft vor Augen führen könnten, vor der man diese eigentlich gerne verschließen möchte.

Ich habe diese Hemmschwelle während meiner Reha in Bad Sooden-Allendorf überwunden, nachdem ich dort erfahren habe, wie hilfreich Informationen anderer Betroffener sein können. Dabei habe ich nicht nur „Abschreckendes" über den Krankheitsverlauf erfahren, sondern auch wertvolle Informationen und Erfahrungen von Patienten, die seit vielen Jahren mit der ALS leben und relativ wenig Einschränkungen haben.

Die Deutsche Gesellschaft für Muskelkranke (DGM) bietet regionale Gesprächskreise, andere Aktivitäten und Informationsveranstaltung an (www.dgm.org). Aber auch private Initiativen, wie z.B. der von Oliver Jünke vor einigen Jahren in Berlin gegründete Verein „ALS-Mobil" (www.als-mobil.de), bieten Möglichkeiten zum Gedankenaustausch und für gemeinsame Aktivitäten.

Anekdoten

Im Laufe der Krankheit erlebt man so einiges und ich möchte abschließend etwas davon erzählen. Hauptsächlich aus der Zeit vor meiner Krankheit, in der ich – überwiegend beruflich – mehr als 40 Länder bereist habe, habe ich Anekdoten, Geschichten und interessante, teilweise zum Schmunzeln oder auch zum Nachdenken anregende Informationen aus Ländern, die einem bei uns nicht so vertraut sind, wie z.B. Aserbaidschan, Kasachstan, Usbekistan und anderen Ländern der ehemaligen Sowjetunion, in meinem Buch „Textbausteine" zusammengestellt, das ich auch gerne zur Lektüre empfehle.

Das Buch „Textbausteine – Erinnerungen aus 42 Ländern an ein Leben vor ALS" ist ebenfalls beim Verlag tredition erschienen und entweder direkt beim Verlag oder über den Buchhandel erhältlich.

Hier nun einige Geschichten aus der Zeit mit ALS.

Der Trick mit dem Knick

Ein „Klassiker", der die Problematik zeigt, wenn es die Umwelt gut mit einem meint, ist die Sache mit dem Strohhalm. In einer gewissen Phase der Erkrankung – nämlich dann, wenn man die Arme nicht mehr verwenden kann, das Trinken an sich aber funktioniert – trinkt man Getränke am besten mit einem Strohhalm. Das Glas steht vor einem auf dem Tisch, ein gerader Strohhalm steckt in dem Getränk, man beugt sich nach vorne und trinkt. Nun gibt es in Handel und Gastronomie inzwischen überwiegend die Strohhalme mit dem Knick und jeder findet es irgendwie schöner, wenn der Strohhalm etwas geknickt ist.

Es ist mir nicht nur einmal passiert, dass mir die Bedienung in einem Lokal den extra bestellten Strohhalm mit dem Getränk bringt, ihn in mein Getränk steckt – so weit wäre alles super –, dann aber als letzte Handbewegung, bevor sie meinen Tisch verlässt, den Strohhalm für mich praktisch entwertet, indem sie ihn knickt. Man möge als Gesunder einmal probieren, wie man ohne Einsatz der Hände aus einem abgeknickten Strohhalm trinken kann.

Thank you for träwelling ...

Es war einmal ... auf einem kleinen Bahnhof irgendwo in Deutschland. Den Namen möchte ich allerdings nicht nennen, da ich es dem Bahnhofsvorsteher an jenem Samstagnachmittag versprochen hatte.

Ich hatte eine Fahrt über das Mobilitätsportal der Deutschen Bahn angemeldet und dadurch sogar erreicht, dass der Nahverkehrszug, in den ich von einem ankommenden ICE umsteigen wollte, extra auf einen Bahnsteig umgeleitet wurde, von dem ich über eine Rampe im Zug auch einsteigen konnte. Diese Kreativität und Flexibilität hat mich gefreut und bei einer großzügig geplanter Umsteigezeit und einer pünktlichen Ankunft des ICE gab es keinerlei Grund zu der Annahme, dass auch dieses Umsteigen genauso problemlos funktionieren würde, wie ich es von vielen anderen vergleichbaren Aktionen gewöhnt war.

Der ICE fuhr pünktlich ein, ich hatte mich bereits an der Tür bereitgestellt und sah, dass der zum Ausstieg benötigte hydraulische Hublift sowie der dafür zuständige Mitarbeiter der Deutschen Bahn mich bereits am Bahnsteig erwarteten. Der ICE hielt an, der einzige diensthabende Mitarbeiter der Bahn, also letztlich der Chef vom Bahnhof, rollte den Hublift heran, pumpte die Plattform hoch, klappte die Rampe in die Tür meines Waggons und ich konnte ganz normal vom Zug auf die Plattform fahren. Der ganze Vorgang dauerte nicht viel mehr als eine Minute und der ICE fuhr ohne mich weiter.

Da stand ich nun mit meinem Elektro-Rollstuhl in vielleicht einem Meter Höhe alleine mit dem Bahnhofschef auf einem ansonsten menschenleeren Bahnhof. Dann schlug allerdings die Tücke der Technik erbarmungslos zu – der Hublift ließ sich, trotz aller verzweifelten Versuche des immer nervöser werdenden „Umsteige-Managers", einfach nicht absenken. Inzwischen fuhr auch der extra wegen mir auf diesen Bahnsteig umgeleitete Nahverkehrszug ein, den der Bahnhofschef zwischendurch abfertigen musste – ich selbst konnte natürlich nicht einsteigen, da ich ja immer noch in luftiger Höhe über dem Bahnsteig schwebte. Der Nahverkehrszug verließ den Bahnhof und ich war wieder alleine mit dem Chef, der sichtlich auch nicht die geringste Idee hatte, wie er mich wieder auf die Erde zurückbringen sollte.

Zu dieser Zeit konnte ich nicht mehr wirklich sprechen – ich hatte zwar noch keine TK, aber wenn ich gesprochen habe, dann hörte es sich nach mindestens 1,8 Promille Blutalkohol an. Somit konnte ich nicht mit ihm zusammen mögliche Lösungen besprechen – und so blieb ihm nur noch, die Freiwillige Feuerwehr des Ortes zu alarmieren.

Inzwischen hatte ich mich schon an die schöne Aussicht gewöhnt und so haben wir auf die Truppe der Freiwilligen Feuerwehr gewartet, die dann in einer Stärke von 10 Mann anrückte, um mich zu befreien.

Ich hatte den Eindruck, für die Feuerwehrler war das am Samstagnachmittag eine ganz willkommene „Übung" und sie waren ganz entspannt und „gut drauf". Ich eigentlich auch, obwohl ich eine andere Lösung gewählt hätte. Ich hätte es vorgezogen, dass mich der Bahnhofschef in den nächsten ICE rollt – die richtige Einstiegshöhe hatte ich ja schon – und das Umsteigemanöver am nächsten Bahnhof nochmal mit einer anderen Hebebühne versucht wird. Alleine der Bahnhofschef war verzweifelt und hat sich bei mir laufend für die Unannehmlichkeiten entschuldigt und immer wieder betont, dass er den Lift zwar schon lange nicht mehr benutzt, aber extra vorher noch ausprobiert habe. Seine größte Angst war wohl auch, dass über diesen Vorfall am darauffolgenden Montag ein Artikel in der Zeitung erscheint.

Die Feuerwehr hat dann lange Bohlen geholt, um für mich mit dem Rollstuhl – immerhin zusammen ca. 250 kg Gewicht – eine Rampe zu basteln, auf der ich dann etwas wacklig, aber von 10 kräftigen Männern „gesichert" runter auf den Bahnsteig fahren konnte.

Interessant war allerdings, dass der Lift ohne mich wieder einwandfrei funktioniert hat. Die Feuerwehrleute haben sich zur Abklärung des Problems noch als „Gewichte" zur Verfügung gestellt und mit ihrer Hilfe konnte eine Erklärung für die Fehlfunktion gefunden werden: Die Führungsschiene hatte sich ab einem bestimmten Gewicht so verkantet, dass die Plattform nicht mehr nach unten fuhr. Also wäre die ganze Aktion einfach zu vermeiden gewesen, wenn man beim Absenken die freie Seite der Plattform etwas unterstützt und somit das Verkanten verhindert hätte.

Die letzten Aktionen des Chefs waren, mir einen Kaffee zu spendieren und zu organisieren, dass auch der nächste Nahverkehrszug in meiner Richtung auf den geeigneten Bahnsteig umgeleitet wird. Dann wird er wohl das Ende seiner Schicht herbeigesehnt haben – auf jeden Fall hatte er, wie ich auch, eine schöne Geschichte zu erzählen.

Ein Aufzug, der nicht fährt...

Als Rollstuhlfahrer entwickelt man im Laufe der Zeit ein ganz spezielles Verhältnis zu Aufzügen. Details, die einem normalen Benutzer überhaupt nicht auffallen – wie z.B. die Geschwindigkeit, mit der sich die Türe schließt, und vor allem, ob und wie man sie daran hindern kann, fallen einem erst dann auf, wenn jemand den Rollstuhl steuert, der mit den Details des jeweiligen Aufzuges nicht vertraut ist. Der Vorgang, der damit beginnt, dass der Begleiter den Taster zum Öffnen der Türe drückt, dann hinter den Rollstuhl geht, den Elektroantrieb einschaltet um dann der Türe wieder beim Schließen zuschauen zu müssen, kann sich beliebig oft wiederholen – abhängig vom Einfallsreichtum des Begleiters. Wenn die Zeit zu kurz ist, dann hilft manchmal wirklich nur, den Aufzug zunächst bewusst leer in ein anderes Stockwerk zu schicken und dann erneut zu rufen. Damit gewinnt man wertvolle Zeit um sich knapp vor der Türe zu positionieren und dann sofort reinzufahren, wenn sich die Türe öffnet. Das funktioniert natürlich nur, wenn nicht zwischenzeitlich jemand anderes in den Aufzug eingestiegen ist, den man zuerst aussteigen lassen muss, und man damit die „Pole-Position" wieder verliert. Auch die Varianten, die Türe am Schließen zu hindern, lernt man nach und nach kennen. Besonders ältere Aufzüge sind nicht mit einem „Lichtvorhang", sondern nur mit einzelnen Lichtschranken ausgerüstet. Diese erkennen zwar problemlos, wenn z.B. eine Person oder auch ein Fuß im Bereich der Türe steht, sie sind aber „blind" für Fußstützen, Schiebegriffe eines Rollstuhls oder sonstige Anbauteile, und „beißen" daher erbarmungslos zu. Sicher erkennt der Türantrieb irgendwann, wenn sich die Tür nicht schließen lässt, und das üblicherweise doch bevor jemand zerquetscht wird – für evtl. Hände der Begleitperson kann das allerdings schon schmerzhaft sein und empfindliche Anbauteile, Gepäckstücke, etc. können dabei schon ernsthaft beschädigt werden.

Aus meiner Erfahrung gibt es neben den Aufzügen, die einwandfrei funktionieren, groß genug sind und sich dort befinden wo man sie braucht, noch vier weitere Arten von Aufzügen, nämlich:

Aufzüge, die es überhaupt nicht gibt. Das ist für Rollstuhlfahrer einfach eine Tatsache, die man im Allgemeinen hinnehmen muss – Ziele, an die man nur über Stufen, Treppen oder andere unüberwindliche Hindernisse kommt, sind einfach nicht erreichbar. Das ist im Einzelnen zwar ärgerlich, man kann die Verfügbarkeit eines Aufzugs aber üblicherweise vorher in Erfahrung bringen und sich darauf einstellen

Aufzüge, die zwar vorhanden, aber für einen Rollstuhlfahrer trotzdem nicht nutzbar sind. Besonders intelligent ist die Anordnung von Aufzügen in vornehmlich älteren Wohnhäusern „mit Aufzug", die entweder zu klein, nur über Stufen erreichbar sind, oder deren Haltestellen sogar nur im Halbstock liegen. Auch wenn sich die Aussage „mit Aufzug" gut anhört, sind diese Aufzüge letztlich für Rollstuhlfahrer auch in die o.g. Kategorie „nicht vorhanden" einzuordnen.

Eine schon kritischere Gruppe bilden *Aufzüge, die man eigentlich normal nutzen kann, die aber vorübergehend „außer Betrieb" sind.* So etwas kann einem Rollstuhlfahrer einen noch so gut geplanten Ausflug vereiteln. In einigen Fällen kann man sich über derartige Störungen vorher informieren und entsprechend umplanen. In Nürnberg bietet z.B. die Verkehrsaktiengesellschaft auf ihrer Homepage Informationen über den Betriebszustand der Aufzüge zu den U-Bahnhöfen an. Im schlimmsten Fall kann man jedoch zumindest umkehren, denn von dort, wohin man mit dem Rollstuhl gekommen ist, kann man üblicherweise auch wieder zurückfahren.

Die problematischste Gruppe sind allerdings zweifelsohne die Aufzüge, mit denen ich anlässlich eines Schulkonzertes meiner Tochter zu tun hatte. Das Konzert fand im ersten Obergeschoß statt und ich hatte selbstverständlich vorher abgeklärt, dass ein geeigneter Aufzug zur Verfügung steht und der Veranstaltungssaal barrierefrei mit dem Rollstuhl erreichbar ist. Das war er auch und so bin ich völlig problemlos dorthin gelangt. Eine erste Ahnung von möglicherweise heraufziehenden Schwierigkeiten befiel mich, als ich während des Konzertes – nicht laut, aber zumindest für mich beunruhigend – ein Geräusch vernahm, das ich eher nicht einem der zahlreichen Instrumente, sondern eher dem Notruf eines Personenaufzuges zugeordnet habe. Nach dem Konzert wurde meine Vorahnung zur Gewissheit – der Aufzug hatte während des Konzertes seinen Dienst eingestellt, sodass mein Heimweg nun einfach abgeschnitten war. Zum Glück waren aus dem Freundeskreis und dem Lehrerkollegium sofort zahlreiche helfende Hände bereit, mich bei der Lösung meines Problems zu unterstützen. Die Aktion, mit der man mich dann mit vereinten Kräften ein Stockwerk nach unten beförderte, war durchaus sehenswert. Es galt, den Rollstuhl mit mir als „lebender

Fracht" und immerhin einem Gesamtgewicht von ca. 150 kg sicher eine halbgewendelte Treppe hinunterzutragen. Das Problem war, dass so ein Rollstuhl dafür eigentlich überhaupt nicht ausgelegt ist und über keine vernünftigen und stabilen Angriffspunkte verfügt. Irgendwie hat man es aber doch geschafft und so ging es Stufe für Stufe treppab. Augenzeugen haben mir anschließend berichtet, dass der einzige Beteiligte mit einem halbwegs entspannten Gesichtsausdruck wohl ich gewesen wäre. Ich selbst habe mir nur gedacht, was wohl passieren würde, wenn auch nur ein einziger der zahlreichen aktiven Füße abrutscht und damit die ganze Traube zu Fall bringen würde. Bevor ich diesen Gedanken allerdings zu Ende denken konnte und ich mich entweder auf einen schmerzhaften Absturz oder eine weiche Landung auf der Menge der dann vermutlich unter mit liegenden Körper einstellen konnte, bin ich dann doch wohlbehalten unten angekommen. Bei solchen Aktionen lernt man einerseits große Hilfsbereitschaft, notgedrungen aber auch das Gefühl der Ergebenheit und des Vertrauens auf andere kennen.

Kurzzeitpflege

Ein unvergessliches Erlebnis war für mich ein 5-wöchiger Aufenthalt in einem Pflegeheim zur Kurzzeitpflege, während meine Frau nach einer

Operation auf Reha war. Dieser Aufenthalt in einem Umfeld, in dem ich schon wegen meines Alters ein Exot war, hat mich davon überzeugt, dass eine derartige Unterbringung für mich nicht wirklich eine akzeptable Alternative zu einer Pflege zu Hause wäre.

Es gibt einige schon zum Schmunzeln anregende Beispiele dafür, warum ich dort einfach „nicht richtig" war. Ich erinnere mich z.B. an den Besuch einer freundlichen jungen Dame, die offensichtlich für die „Senioren-Animation" zuständig war, mit mir wohl meine Zeit etwas sinnvoll gestalten wollte und mir das Freizeitprogramm des Sozialdienstes vorgestellt hat. Ich habe mir etwas Zeit für sie genommen, habe ihr aber dann aber doch mitteilen müssen, dass es im Moment äußerst schlecht wäre, da ich im Moment eigentlich etwas Anderes zu tun hätte, als mich mit ihr zu unterhalten. Sie hat aber auch selbst erkannt, dass ich ein schlechter „Kunde" wäre und dass sie mich von ihrer Liste wieder streichen kann. Ich möchte das Angebot allerdings nicht ins Lächerliche ziehen – ich finde es gut, dass es solche Angebote gibt, und denke, dass es für viele Heimbewohner wichtig ist, auch eine Beschäftigung zu haben sowie soziale Kontakte zu pflegen. Mir hat nur die Sozialarbeiterin leidgetan, weil sie mir somit überhaupt nicht helfen konnte.

Auch das Pflegepersonal hatte ein gewisses Verständnisproblem, wenn ich meinen Terminplan für die Woche ausgedruckt und an die Wand gehängt habe. Eine Aufgabenstellung wie die, mich am Ostersonntag um 4:00 Uhr früh zu wecken, damit ich um 4:30 Uhr den Osternacht-Gottesdienst meiner Gemeinde besuchen konnte, ist wohl eher ungewöhnlich.

Nicht einmal die grundlegenden Pflegeleistungen konnten bei mir richtig durchgeführt werden. Man war z.B. gewohnt, die tägliche Trinkmenge zu protokollieren, um festzustellen, ob genügend getrunken wird. Anfangs hat man das bei mir auch gemacht – als ich dann aber nach einigen Tagen von einem Abendessen mit Freunden beim Griechen zurückgekommen bin und „zu Protokoll geben wollte", dass ich zwei Weißbier und einen Ouzo getrunken habe, haben sie das dann irgendwie aufgegeben – wahrscheinlich haben im Formular die Spalten für Weißbier und Ouzo gefehlt.

Es war aber schon bedrückend zu sehen, wie die Bewohner ihren Tag verbringen. Mein Sohn hatte einmal so treffend formuliert, dass er, wenn er zu mir zu Besuch kommt und im Vorbeigehen im Aufenthaltsraum mit einem freundlichen „Guten Morgen" grüßt, die Antwort bekommt, wenn er zwei Stunden später wieder geht.

Alles in allem war der Aufenthalt eine Lösung für ein aktuelles Problem und auch eine interessante

Erfahrung; aber beim besten Willen ist ein derartiges Pflegeheim kein Umfeld, in dem sich ein – im Vergleich – junger und aktiver Mensch wohlfühlen könnte. Umso dankbarer bin ich, dank der Unterstützung meiner Familie und meines Pflegedienstes zu Hause leben zu können.

Meine letzte Wanderung

Auf meiner vorletzten Reise nach Norwegen im Jahre 2013 – mein erster Rollstuhl war für alle Fälle schon im Kofferraum unseres Mietwagens – unternahm ich meine letzte Aktivität, die die Bezeichnung „Wanderung" verdient.

Bei schönem Wetter fuhren wir zum Parkplatz, von dem man zum Nigardsbreen, einer der Gletscherzungen des Jostedalsbreen, wandern kann. Das erste Teilstück überbrückt man am besten mit einem kleinen Boot, das in einem Pendelverkehr die Besucher über den Gletschersee transportiert. Anschließend sind wir etwas mehr als eine Stunde über ausgewaschene Felsen so weit in Richtung Gletscherkante aufgestiegen, wie es gefahrlos möglich war, und haben von dort den Blick auf den nahe vor uns aufragenden Gletscher inmitten der fantastischen Bergwelt Norwegens genossen.

Nach der Rückkehr zu unserem Auto habe ich allerdings schon deutlich die Müdigkeit und Schwäche in den Beinen gespürt und war doch froh, dass ich ohne größere Probleme diese Herausforderung noch bewältigen konnte. Dieser Weg wird mir jedoch immer in Erinnerung bleiben, und daher kann ich sagen: „es hat sich gelohnt".

Ausblick

Wenn ich mir die Entwicklung der ALS vor Augen führe, dann muss ich immer an den Kalender-spruch denken:

Lächle, sei froh, es könnte schlimmer kommen ...

... und er lächelte, war froh,
und es kam schlimmer

Inzwischen – so denke ich – müsste ich alle we-sentlichen Symptome dieser Krankheit im Laufe der Zeit „erarbeitet" haben. Was bleibt wohl noch? Die Beine werden irgendwann noch ihren Geist aufgeben – dann werde ich für den Transfer grundsätzlich den Lifter nehmen müssen. Die Kommunikation mag noch etwas problematischer werden. Aber eigentlich denke ich, dass ich mit den aktuellen Einschränkungen noch eine ganze Zeit stabil und zufrieden weiterleben kann.

Epilog

Ich behaupte sicher nicht, dass ich glücklich bin, von dieser Krankheit betroffen zu sein, aber wenn es nun mal so ist, gibt es eine Menge Gründe in der gegebenen Situation, über die ich mich freue.

Ich bin glücklich, eine Ehefrau und eine Familie zu haben, die mit viel Engagement und Liebe diesen auch für sie schwierigen und oftmals frustrierenden Weg mit mir gehen und mich wie und wo immer möglich, mit all ihrer Kraft unterstützen.

Ich bin glücklich darüber, dass meine Erkrankung nicht vererblich ist und ich mir daher keine Gedanken um eine mögliche Erblast machen muss, die ich meinen Kindern auf ihren Weg mitgegeben hätte.

Ich bin glücklich darüber, Freunde zu haben, die nicht den einfachen Weg gehen, sich von mir zurückzuziehen, sondern die nach wie vor den Kontakt suchen und sich mit viel Geduld z.B. auf die umständliche Kommunikation über einen Sprachcomputer einlassen.

Ich bin glücklich, ein Team von Ärzten, Therapeuten und Pflegekräften um mich zu haben, das eine optimale Betreuung sicherstellt.

Ich bin glücklich darüber, dass ich in Deutschland mit seinem Gesundheitswesen leben darf, in dem die medizinischen Möglichkeiten und die Verfügbarkeit von Hilfsmitteln auf sehr hohem Niveau liegen.

Ich bin glücklich darüber, dass ich auf Seiten der Krankenkasse, des MDK und anderer Versicherungen und Behörden immer auf die Bereitschaft gestoßen bin, mir optimal zu helfen, und ich nie mit Ablehnung von Leistungen und daraus entstehenden Streitigkeiten konfrontiert wurde.

Ich bin glücklich darüber, dass unsere Wohnung mit vernünftigem Aufwand an meine Bedürfnisse angepasst werden konnte und ich so den Umzug in ein Pflegeheim vermeiden konnte.

Ich bin glücklich darüber, dass die Diagnose bei mir frühzeitig und korrekt erfolgt ist und mir so eine Odyssee mit unterschiedlichen Diagnose- und Behandlungsversuchen, wie sie viele Betroffene erleben, erspart geblieben ist.

Ich bin glücklich, dass ich geordnet mein Leben beschließen kann und nicht z.B. mit einem Flugzeug abgestürzt bin, das aus Versehen von irgendjemandem über der Ukraine abgeschossen oder von einem psychisch kranken Piloten bewusst gegen einen Berg geflogen wurde.

Ich bin glücklich, dass ich mir persönlich keine „Mitschuld" an der Erkrankung geben muss, denn das Auftreten der Krankheit scheint rein zufällig zu sein und in keinem Zusammenhang mit der Lebensweise zu stehen, im Gegensatz z.B. zur Erhöhung des Risikos, als starker Raucher an Lungenkrebs zu erkranken. Das einzige, was mir hier etwas zu denken gibt, sind Berichte über neurologische Erkrankungen im Zusammenhang mit dem Auftreten von Öldämpfen in der Kabinenluft von Flugzeugen. Aber auch darüber gibt es keine belastbaren Untersuchungen, die einen möglichen Zusammenhang konkret mit der Erkrankung an ALS beschreiben.

Ich bin glücklich darüber, heute und nicht vor einigen Jahrzehnten erkrankt zu sein, als es noch keine Kommunikationsgeräte, Computer, E-Mails, E-Books, E-Papers, Kopf- und Augensteuerungen, usw. gab. Zu dieser Zeit hätte eine wesentliche Möglichkeit zu sinnvoller Beschäftigung und Kommunikation nicht bestanden, und ich wäre in meiner Situation weitgehend zur Untätigkeit verdammt gewesen.

Ich bin auch glücklich darüber, dass insbesondere durch die Vorsorge in Form einer privaten Berufsunfähigkeitsversicherung trotz meiner frühzeitigen Verrentung sowohl die wirtschaftliche Grundlage von mir und meiner Familie weiter gesichert ist, mir aber auch der finanzielle Spielraum bleibt, erforderliche und nicht von der Krankenkasse bezahlte Hilfsmittel, Medikamente und Umbauarbeiten finanzieren zu können. In diesem Zusammenhang hier auch meine gut gemeinte Empfehlung, dass sich jeder, der das noch nicht getan hat, mit diesem Thema auseinandersetzen sollte – und zwar solange er gesund ist.

Ich bin sogar etwas glücklich, dass durch meinen krankheitsbedingten Ausstieg aus dem Berufsleben mir die Auseinandersetzung mit den aus meiner Sicht immer schlechter werdenden Rahmenbedingungen für Tätigkeiten wie ich sie über viele Jahre mit viel Engagement und Freude ausgeführt habe, erspart geblieben ist.

Alles in allem muss ich die Situation so akzeptieren, wie sie ist; die weitere Entwicklung lässt sich nicht vorhersagen, und es wird sich zeigen, wie lange das Leben für mich noch lebenswert ist und wann ich mich ggf. dazu entschließe, die lebenserhaltenden Maßnahmen zu beenden und dieses Leben in Würde zu verlassen. Bis dahin halte ich es mit der Devise:

„Resignieren kann ich mir sparen,

denn das bringt ja sowieso nichts"

Wolfgang Tröger

Textbausteine

Erinnerungen aus 42 Ländern
an ein Leben vor ALS

Was macht man, wenn man nach einem interessanten Leben mit vielen Erlebnissen niemandem mehr darüber erzählen kann? – Man schreibt sie auf!

Bei Wolfgang Tröger wurde im Alter von 48 Jahren eine Erkrankung an amyotropher Lateralsklerose (ALS) festgestellt, die unter anderem zwischenzeitlich zu einem Verlust der Sprachfähigkeit geführt hat. In diesem Buch hat er seine Erlebnisse in den von ihm geschäftlich oder privat besuchten, darunter auch wenig bekannten Ländern wie Usbekistan oder Aserbaijan, zusammengestellt. Mit seinen Schilderungen möchte er den Leser jedoch nicht nur unterhalten, sondern auch über aus seiner Sicht interessante Besonderheiten der Länder informieren sowie auch zum Schmunzeln und Nachdenken anregen.

Paperback
12,90 EUR inkl. MwSt.
Seitenanzahl: 248
ISBN: 978-3-7323-3643-2
Größe: 12,0 cm x 19,0 cm

Hardcover
19,90 EUR inkl. MwSt.
Seitenanzahl: 248
ISBN: 978-3-7323-3644-9
Größe: 12,0 cm x 19,0 cm

E-Book
6,40 EUR inkl. MwSt.
ISBN: 978-3-7323-3645-6